OHSAMA BUNKO

古代文明ミステリー

博学面白倶楽部

三笠書房

はじめに　通説、異説、新説――「謎」に満ちあふれた古代文明の世界！

今から一万年前、氷河期が終わり農耕を学んだ人類は、世界各地で文明を興した。人々は文字を生み出し、神を想像して壮麗な神殿を建設し、文明世界を周囲に広げていった。

だが、その繁栄もいつしか失われ、異民族による破壊と殺戮《さつりく》、環境の変化などにより忽然《こつぜん》と地図上から姿を消していった。

そして、現在、かつての栄華の址《あと》は遺跡として伝わり、当時の面影を虚しく感じさせている。**我々現代人は、古代人たちが残した遺物から、往時の息吹を感じる**のである。

そんな古代の息吹に当たった現代人のなかには、太古の地球に暮らした人々の生活や歴史、技術を解き明かそうとする人もいる。だが、彼らの努力をもってしても、滅び去った文明は目して語らぬことがあまりに多い。そうした**謎とミステリーに満ちあふれた古代文明は我々の興味を惹きつけてやまない。**

たとえば、ピラミッド建設の謎。これまで多くの研究者が解明に挑んできたが、ナイル川のほとりに残る巨大建造物がどのような方法で築かれたのか、いまだ解明には至っていない。

一方で意外な進展も起きている。

これまで西暦七九年八月の出来事とされてきたヴェスビオ火山の噴火によるポンペイの埋没。映画などでは避暑に訪れた貴族たちが悲劇に見舞われる様子が描かれてきた。しかし、ポンペイの遺跡から、すでに火山灰の下に埋もれていたはずの一〇月に書かれたと見られる落書きが発見されたのだ。

果たして通説は崩れ、歴史が変わるのか、続報が待たれる。

本書ではこうした古代文明にまつわる未解明の謎に焦点を当てている。通説を示す一方、**近年話題をさらった説や有力視される説、新発見などを紹介し、謎の解明に一応の筋道をつけてみた。**

古代文明のミステリーを楽しみながら、当時に生きた人々に思いを馳せていただければ幸いである。

博学面白倶楽部

目次

1章　闇に葬られた「古代のミステリー」

2章 「繁栄」から「滅亡」までの知られざるドラマ

3章　とうとう明らかになった「伝説の文明」

4章 現代では再現できない「驚異の技術」

5章 信じられない古代人たちの「習慣」と「風俗」

本文DTP／株式会社システムタンク
本文図版／美創
本文写真提供／Adobe Stock・PIXTA・アフロ

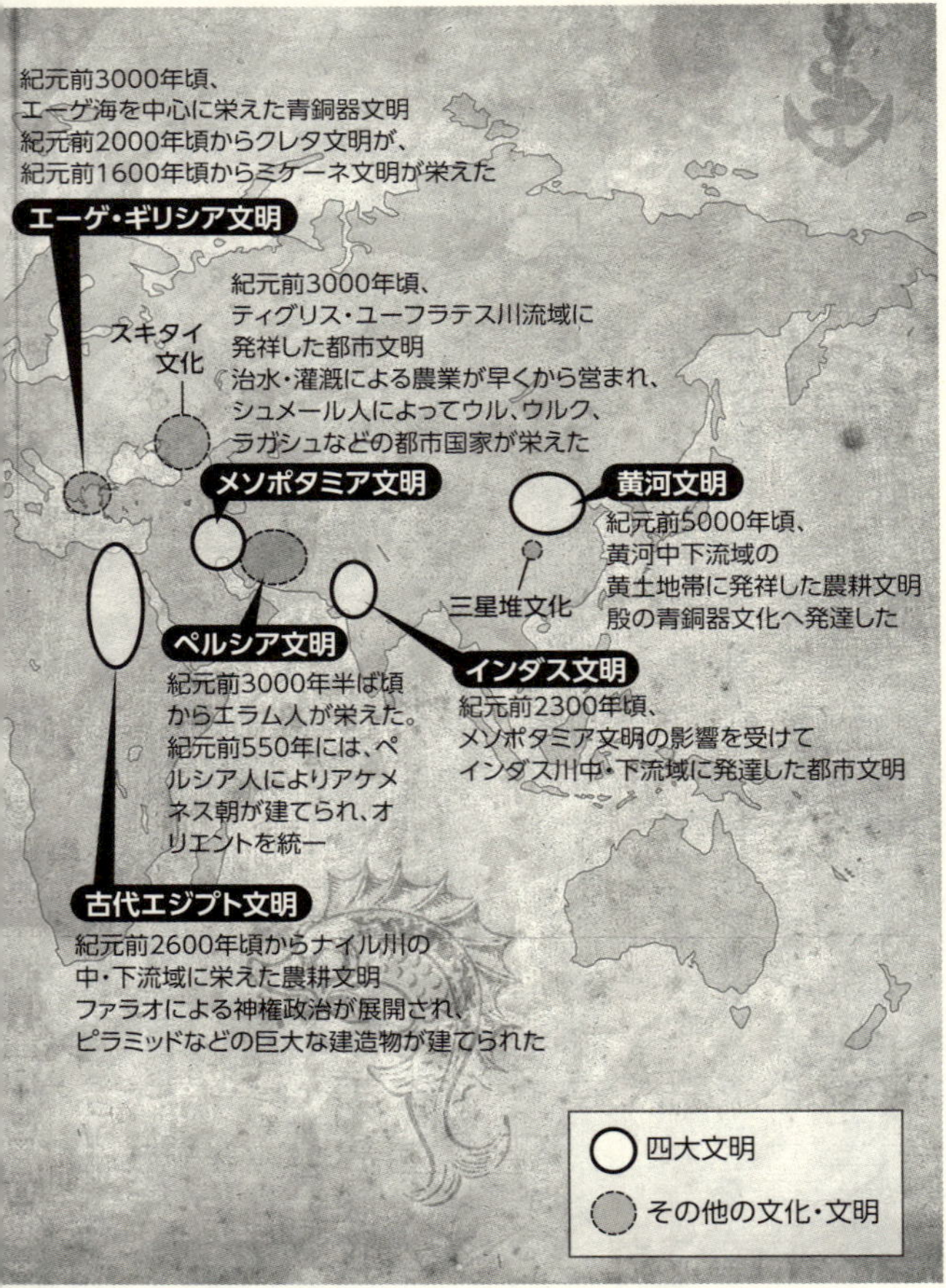
紀元前3000年頃、
エーゲ海を中心に栄えた青銅器文明
紀元前2000年頃からクレタ文明が、
紀元前1600年頃からミケーネ文明が栄えた
エーゲ・ギリシア文明
スキタイ文化
紀元前3000年頃、
ティグリス・ユーフラテス川流域に
発祥した都市文明
治水・灌漑による農業が早くから営まれ、
シュメール人によってウル、ウルク、
ラガシュなどの都市国家が栄えた
メソポタミア文明
黄河文明
紀元前5000年頃、
黄河中下流域の
黄土地帯に発祥した農耕文明
殷の青銅器文化へ発達した
三星堆文化
ペルシア文明
紀元前3000年半ば頃
からエラム人が栄えた。
紀元前550年には、ペルシア人によりアケメネス朝が建てられ、オリエントを統一
インダス文明
紀元前2300年頃、
メソポタミア文明の影響を受けて
インダス川中・下流域に発達した都市文明
古代エジプト文明
紀元前2600年頃からナイル川の
中・下流域に栄えた農耕文明
ファラオによる神権政治が展開され、
ピラミッドなどの巨大な建造物が建てられた
四大文明
その他の文化・文明

●古代文明地図

古代ケルト文化
マヤ文明
4世紀〜14世紀頃の
ユカタン半島に栄えた文明
石造の階段ピラミッドや
高度な天文知識を持った
オルメカ文明
アステカ帝国
14世紀頃、メキシコ中央高原に
進出したアステカ人によって
立てられた帝国
チャビン文化
ナスカ文化
ティアワナコ文化
インカ帝国
チャビン文化やナスカ文化などを経て
南米アンデス山脈一帯に起こった文明で、
キープ（結縄）をコミュニケーションの
道具として用いた

1章

闇に葬られた「古代のミステリー」

空中都市マチュ・ピチュ建設の謎

世界中を驚かせた「崖の上の大遺跡」

マチュ・ピチュの発見は世界中を驚かせた。一九一一年、アメリカの若き探検家ビンガムが、南米アンデスの険しい渓谷をよじ登っていたところ、標高約二四〇〇メートルの尾根の上に忽然と、二〇〇にも及ぶ石造りの建造物が現われたのである。

マチュ・ピチュとは、ケチュア語で「老いた峰」という意味である。ふもとからは見えない山の頂に、しかも両側が切り立った崖の上に広がる遺跡群は、**まるで宙に浮かんでいるように見えることから、〝空中都市〟との異名を持つ。**

遺跡の中央には長方形の広場があり、この広場を囲むようにして、北側は人々が居住していたエリア、南側には神殿や宗教施設と思われる建造物が並んでいる。

南側の建造物は、それぞれの形状から「太陽の神殿」「霊廟《れいびょう》」「三つの窓の神殿」「コンドルの神殿」などと名付けられている。建造物は、カミソリの刃も入らないほ

標高約2400mの高所に佇むインカ帝国の遺跡「マチュ・ピチュ」

ど隙間なく石で組み上げられており、その技術の高さに驚かされる。

建造物群の周囲には、急斜面を巧みに生かした段々畑が整然と広がり、穀物倉まである。三〇〇〇段もの階段を使って建造物群を行き来していたと推測される。

インカ帝国最後の砦なのか？

発見者ビンガムは、**マチュ・ピチュはインカ帝国の最後の砦**だと考えていた。インカ帝国の首都クスコは、一五三三年にスペイン人の征服者（コンキスタドール）によって陥落、時の皇帝アタワルパは殺された。だが、その弟マンコ・カパック二世がこの地に逃れ、自らが住むために築いたというのだ。

インカ帝国には、クスコの滅亡後に奥地に逃げた人々が「ビルカバンバ」という街を築き、そこを最後の都にしたという伝説があり、ビンガムはマチュ・ピチュこそビルカバンバだと信じて疑わなかった。**容易には近づけない場所にあるのも、スペイン人の追跡が及ばないようにしたから**だと考えれば説明がつく。

発見の翌年には、近くの洞窟から一七三体もの人骨や副葬品が見つかった。人骨のほとんどが女性のものと判断され、彼女たちは王や神に仕えるためインカ帝国全土から集められた巫女《みこ》、あるいは生贄《いけにえ》として捧げられた処女ではないかと考えられてきた。

しかし現在、ビンガムの説は否定されている。二〇〇三年に行なわれた再調査で、発見されていた人骨は、男性のものが多いことが判明したのである。また、マチュ・ピチュに住んでいたのはせいぜい七五〇人ほどで、都市と呼ぶほどの規模ではなかったことも明らかになった。

ではなぜ、これらの建造物をわざわざ不便な場所に築いたのだろうか。

王や貴族が夏を過ごした離宮だったという説も一部にはあるが、**現在では天体の観測施設だったという説が有力である。**この説を補完するような仕掛けが、いくつも見つかっているからだ。

発見された「天体観測」の仕掛け

南側にある「太陽の神殿」は、巨石の上に石を組み上げた建造物で、周囲の建物に比べて大規模であり、重要な役割を担っていたと思われる。外壁がカーブを描き、東と南に窓らしき穴があるのだが、東の窓から朝日が差し込むときは冬至、南の窓から差し込むときは夏至となるよう設計されている。

また、その形状から「石臼」と呼ばれる二つの円形の石の筒は、そこに水を張って月や星を映し、軌道を観測する装置だったと推測される。

さらに、〝太陽をつなぐもの〟という意味の「インティワタナ」と呼ばれる石柱は、巨石を削って四角形にしたもので、その四隅は正確に東西南北を指していた。これは日時計だったと考えられている。

このような仕掛けを用いて天体観測をする必要性は、どこにあったのか。

現在、マチュ・ピチュを築いたのは、マンコ・カパック二世ではなく、第九代皇帝のパチャクティだと考えられている。

一五世紀中頃に在位したパチャクティは、インカ帝国の範囲を広げ、多くの統治制度を定めるなど強い政治力を発揮した皇帝である。

いまだに残るインカのミステリー

インカの古代社会では天体の運行サイクルに基づいた暦に従って農業が行なわれていた。天体の運行サイクルを熟知し、作物の生産性を上げることは、国を統治するうえで必須だった。

空を遮るものがない山の頂は天体観測がしやすいし、太陽により近いことから祭祀《さいし》を行なう場としても最適だったと考えられる。

天体観測を司る皇帝は、太陽神の化身として崇められていたに違いない。宗教と政治は密接に結びついていたのである。

だが、たどり着くのも困難な高地に果たして皇帝は訪れていたのか、そもそもどのように巨石を運び上げたのかなど、マチュ・ピチュには謎が多い。記録が残されておらず、その解明にはまだまだ時間がかかりそうである。

ギザの大ピラミッドには隠された部屋が存在する⁉

ピラミッドのなかは不可解なことだらけ

エジプトのピラミッドと聞いてまず思い浮かぶのは、ギザにある**クフ王の大ピラミッド**であろう。紀元前二五〇〇年頃築かれたもので、高さは一四七メートル、底辺は約二三〇メートルという大きさを誇っている。カフラー王、メンカウラー王のピラミッドと並んだ眺めは圧巻である。

大ピラミッドの内部は、これまで何度も調査されており、「大回廊」「王の間」「女王の間」「重量軽減の間」「地下の間」などが発見されているが、いずれも便宜的に付けられた名称にすぎない。「王の間」「女王の間」といっても、王や女王が葬られていた痕跡は発見されていない。

ほとんどのピラミッドは盗掘に遭っており、室内にあったものはすでに失われていることが多い。大ピラミッドも例に漏れず、内部からは何も発見されていないのだ。

入口は、外側からはわからないようふさがれていたものの、盗掘者の目からは逃れられなかったようで、発見したときには、もぬけの殻状態だった。そのため、ピラミッドが王の墓だという確証はいまだない。

ただ、大ピラミッドには隠し部屋があったと古代の碑文や文書に記されており、それこそが王の埋葬室なのかもしれない。盗掘者に見つからないように隠そうとしたというのは自然である。

また、**ピラミッドの内部には、失われた文明の知恵を保存した〝記録の宝庫〟が隠されている**という伝承も残っている。

隠し部屋は存在するのか、それは王の埋葬室なのか、はたまた〝記録の宝庫〟がある部屋なのか、大ピラミッドの内部は、いつの世も興味を惹きつけてきたのである。

今も「隠し部屋」を見つけようと調査が続く

一九八六年には、フランスの調査団が「女王の間」に通じる通路の西側に未知の空間を発見した。期待が高まるなか、ドリルで穴が開けられたが、そこからは大量の砂があふれ出てきただけだった。

古王国時代に建造されたギザの三大ピラミッド

その翌年には、日本の調査団が電磁波レーダーを用いて、「女王の間」の近くに高さ四メートル、深さ二メートルの空間があることを発見している。ただ、その空間が何を意味しているのかまでは不明である。

その後も、シャフト（通気孔）のなかを這い進むことのできるカメラ付ロボットや、光ファイバーを使って大ピラミッド内部が探査された。そして、一九九三年、ドイツの調査団が、取っ手の付いた石の扉を発見。扉の向こうに未知の部屋があることが期待されたが、結果は小さな空洞があるだけで石の壁に阻まれてしまった。

二〇〇四年には、フランスの地球物理学者バロンが地中レーダーを用いて、「女王の間」の床面近くから幅二メートルの通路を発見している。しかもこの通路は、**ピラミッドの東西と南北、それぞれの中心軸の交点に通じていた**。この通路が新たな部屋へと導いてくれる可能性があるものの、その後の進展はない。

ついに「王の埋葬室」を発見!?

そして二〇一六年、名古屋大学などが参加した国際研究チームがミュー粒子を使った調査を行なっている。

ミュー粒子は宇宙から地球に降り注ぐ素粒子のひとつである。透過力が強く厚さ一キロメートルの岩盤でも突き抜けるのだが、密度の高い物質に当たると、一部はそれを通過できずに途中でとどまる性質がある。

これを利用して、巨大構造物を通過する粒子数を検出することで、レントゲン写真のように内部の様子を明らかにすることを試みたのである。

調査の結果、二〇〇四年にフランスのバロンが示したように、やはり「女王の間」付近に幅一～二メートルの通路状の空間があることを確認した。

さらに翌年には、**「大回廊」の上方約二〇～三〇メートルの位置に、全長三〇メー**

●クフ王のピラミッドの内部構造

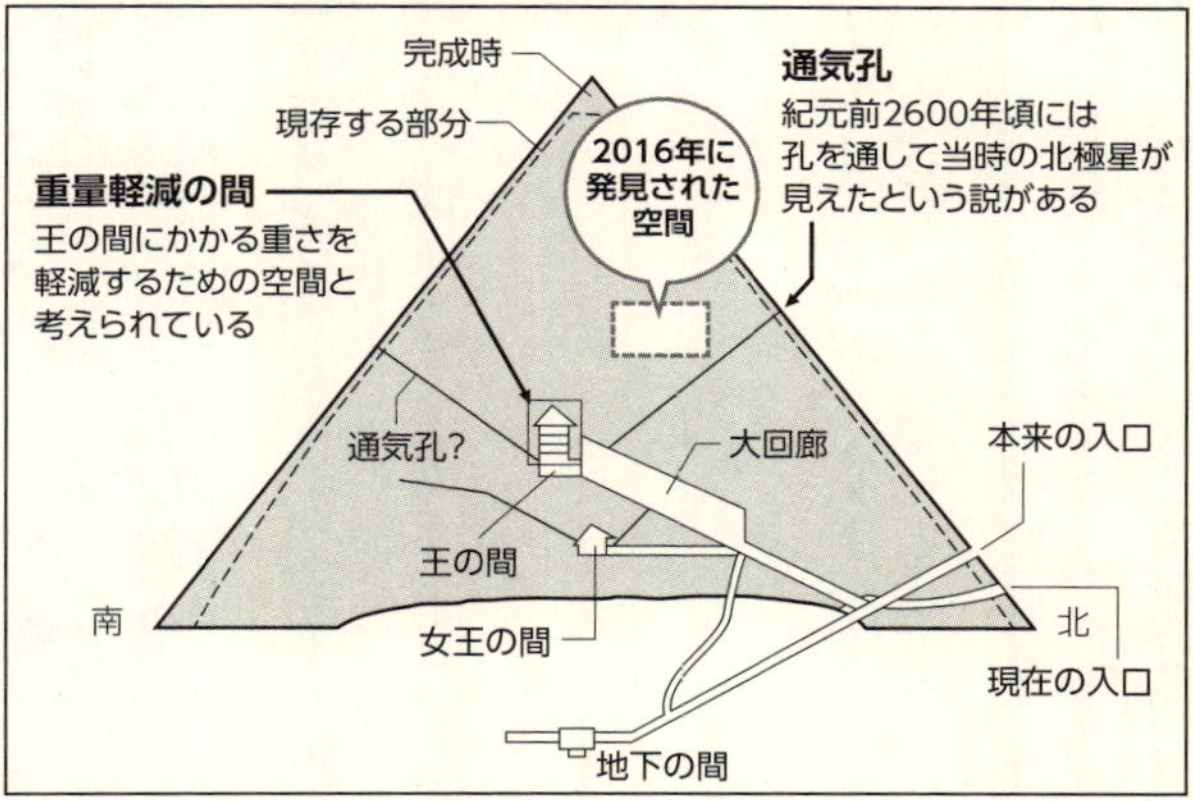

トルもの大空間が広がっていることを突き止めた。これまで誰にも知られていなかった空間である。これこそが王の埋葬室ではないか……。

期待が膨らむなか、現在は空間の詳しい位置や構造を明らかにすべく、観測装置の設置ポイントを増やして調査している。隠し部屋、あるいは王の埋葬室の発見へとつながるかもしれない。

盗掘者も足を踏み入れたことのない空間ならば、そこにはまだ見ぬ〝何か〟が存在していても不思議ではないのだ。

古代ナスカ人は何のために地上絵を描いたのか

砂漠地帯に描かれた超巨大な絵

ペルーの首都リマから海沿いに四五〇キロメートルほど南下した砂漠地帯に、一九九四年にユネスコの世界遺産に登録された**「ナスカとフマナ平原の地上絵」**がある。約五〇キロメートルにもわたって、動植物や幾何《きか》学《がく》模様などの巨大な地上絵が描かれている。いわゆる**「ナスカの地上絵」**だ。その数は、直線なども含めると二〇〇〇点以上にも及ぶといわれている。

この地上絵が発見されたのは一九二〇年代のことで、飛行機が飛ぶようになった一九三〇年以降、次々と発見されるようになり、その存在が広く知られるようになった。以後、いつ誰が、どんな方法で、何を目的に描いたのかという謎に、考古学、地理学、文化人類学などさまざまな分野から研究が行なわれてきた。

長年の研究の結果、**地上絵は古代ナスカ人によって、少なくとも今から約一五〇〇**

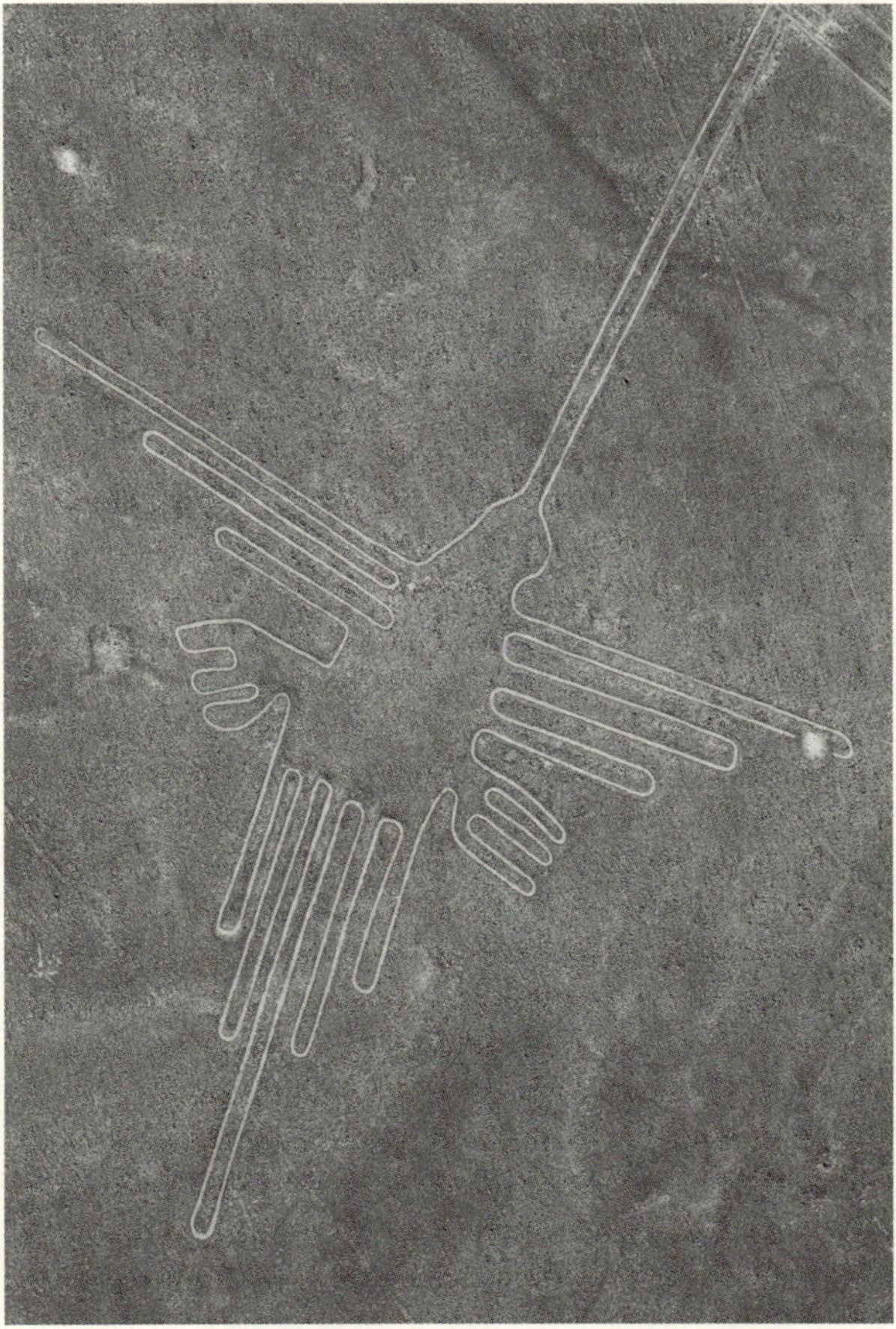

ナスカの地上絵のひとつ「ハチドリ」の地上絵

年前に制作されたことが判明している。

地面に下絵を小さく描き、下絵近くに杭を打ちながら、これを基準点に相似を利用して紐と鋤《すき》を使って絵を大きくしたと考えられている。

しかし、どうしてもわからない謎がある。「何のために描かれたのか」という制作目的が判然としないのだ。

パフォーマンスの舞台？　宇宙人との交信？　天文カレンダー？

この謎については、これまでさまざまな説が浮上した。パフォーマンスの舞台だったとする説、農耕儀礼に関わるものだという説、灌漑《かんがい》用水を示す目的だったという説があるかと思えば、宇宙人との交信に使ったという突飛な説まで飛び出した。

生涯をナスカ地上絵の研究に捧げた数学者マリア・ライへは、ナスカの地上絵のなかに、夏至や冬至の日の出、日の入りの方角を示すものがあるとして、**天文カレンダー説**を唱え、世界の研究者たちを驚かせた（アメリカの天文学者による計測では地上絵と天体の位置が一致しないとして、今日では否定されつつある）。

古代ナスカ人の墓から出土した土器には、鳥や農作物、仮面を付けた神のような存在が描かれており、これらを媒体にして豊作祈願していたことから、地上絵も同じ目的だったのではないかという説がある。ただ、なぜか地上絵には農作物や神が描かれてはおらず、疑問が残る。

そんななか、二〇一九年、興味深い研究結果が、北海道大学の江田真毅《まさき》氏の研究グループによって発表された。

同グループは、ナスカの地上絵に描かれている鳥に鳥類学の観点からアプローチし、描かれている鳥類一六点の形態的特徴を可能な限り抽出し、現在ペルーに生息する鳥と比較したのである。

結果、「コンドル」や「フラミンゴ」と呼ばれる有名な地上絵は、どちらも実際の鳥の姿とは形態的特徴が一致せず、これらの分類群とは見なせないことが明らかになったという。

また、同定されたのはペリカン類二点、カギハシハチドリ類一点で、一六点中三点が同定できたわけだが、これらはナスカ台地周辺には分布していない。

つまり、**外来の鳥がナスカの地上絵として描かれていた**ことになる。研究グループは、外来の鳥が描かれた背景が、地上絵の制作目的と密接に関わっているのではないかとしている。

「地上絵」と「土器の絵」の違い

ナスカ台地にほど近い場所には神殿があるのだが、この神殿からは宗教儀礼の供物とされる大量の鳥類の遺体が出土している。

さらに、鳥類を含む動植物が鮮やかな色彩で描かれている土器なども遺物として発見されている。地上絵ではハチドリ類とペリカン類以外の分類群が同定されていないが、土器には、ハチドリ類に続き、アマツバメ類、サギ類、カモ類など、多くの鳥類が描かれている。この違いは、いったい何を示しているのか。

研究グループは今後、地上絵に描かれている鳥類と、土器などの遺物に描かれている鳥類、さらに儀礼で捧げられたと思われる鳥類を分析し、その結果を比較することで、**なぜ鳥類がほかの動植物に比べて地上絵で多数描かれているのか、そして、地上絵が描かれた目的という謎を解き明かせる可能性がある**としている。

長年論じられてきた大きな謎が、解かれつつあるようだ。

始皇帝陵を守る兵馬俑は、なぜすべて東向きに？

八〇〇〇体の像が「同じ方向」を向いている

紀元前二二一年、中国史上初めての統一を実現させたのが秦《しん》の始《し》皇帝《こうてい》である。徹底した中央集権化を図り、広大な領土をその手に収めた。不可能かと思えた偉業を成し遂げた絶対的権力者は、その力を自らの墓にも注ぎ込んだ。それが**始皇帝陵**である。

それはまるで地下都市といわれるほど広大で、財宝はもとより、始皇帝のための宮殿までつくられたと伝わる。

にわかには信じがたい話だったが、それが現実となったのが「二〇世紀最大の発見」ともいわれる兵馬《へいば》俑《よう》坑《こう》の存在だった。

そこには、陶器でつくられた兵士の像や戦車、馬などが収められていた。まだ発掘の途中であるものの、**発掘を終えた一号坑から三号坑までで、兵士像の数は八〇〇〇体にも及んでいる。**しかも、兵士の顔つきはそれぞれ違い、甲冑《かっちゅう》の模様や持っている武器も異なることから、これらの像は、実在の兵士を一人ずつモデルとしたものではないかとされている。

その規模の大きさに誰もが圧倒されたが、研究者を驚かせたのは、それだけではない。これらの**兵士像がすべて東の方角を向いて隊列を成していた**のである。

通常、中国では君主は北に座るのが慣例である。そのため君主の目線は南の方角を見ることになる。そこで、君主の墓は南を向くようにつくられているのが一般的だった。それなのに、始皇帝陵はなぜか東を向いていたのである。

「ライバル国」を見張るため？

東向きにつくられた理由について考えられたのが、他国に睨《にら》みをきかせているという説だ。

統一前の中国は七雄と呼ばれる七つの国が覇権を争っていた。そのなかの秦が、燕《えん》・斉《せい》・楚《そ》・韓《かん》・魏《ぎ》・趙《ちょう》の六国を打ち負かすことになるのだが、これらの国の位置関係を見てみると、秦は一番西側に位置している。

つまり、始皇帝陵は、**敵対していた国を未来永劫見張るために、あえて東向きにつ**

秦代の軍隊が忠実に再現された兵馬俑の兵士像

くったというのだ。

しかしながら、始皇帝の死後、秦はわずか四年で滅亡することになる。始皇帝というカリスマがいなくなると、広大な領土を支配し続けることができなかった。

また、始皇帝陵をはじめとして阿房宮《あぼうきゅう》、万里の長城など、始皇帝は大規模な土木工事を行なったが、そのことが秦の民を疲弊させ、不満を募らせる結果にもなった。こうして、内乱が勃発し、自ら瓦解したのである。

「日本」へのあこがれか？

もうひとつ、始皇帝は東の方角に不老不死の仙人が住む蓬莱島《ほうらい》があると信じていたという説もある。中国の東の方角には日本が位置する。**始皇帝は日本に強い関心があった**のかもしれない。

始皇帝は不老不死に大きな関心を寄せていた。『後漢書』「東夷伝《とういでん》」には、徐福《じょふく》という方士《ほうし》が、始皇帝に不老不死の薬を探すと約束し、始皇帝が徐福の日本への旅を支援したと記されている。

実際に徐福が日本に上陸したという徐福伝説は、和歌山県の熊野地方や佐賀県など、各地に残っている。

始皇帝が見ていたものとは……？

もっとも、不老不死の薬が届けられることはなく、始皇帝は紀元前二一〇年にこの世を去っている。

しかしながら、**始皇帝の思いは強く、そのため蓬莱島があると信じていた日本（東の方角）を向くようにつくられたのではないか**というわけだ。

果たして始皇帝は、東に何を見据えていたのであろうか。

なぜメキシコにアフリカ系の巨石人頭像が……？

アメリカ大陸最古の「オルメカ文明」

一八六二年、メキシコ湾岸中南部のジャングルで**巨大な人頭像**が発見された。この発見により、それまでのアメリカ大陸の文明史が覆された。というのも、当時、アメリカ最古の文明はマヤ文明とされていたが、この人頭像をつくった文明はマヤよりもはるかに古い時代のものだったからである。この文明は**オルメカ文明**と呼ばれ、紀元前一二〇〇年頃に誕生したと見られる。

オルメカの巨大人頭像は十数体見つかっている。最大のものは高さ三・三メートル、重さ二〇トンにもなり、「コバータの人頭像」と呼ばれている。コバータの人頭像ほどではないが、最初に発見された像でも高さ一・五メートル、重さ八トンもあった。

興味深いのは、**どの像も地中に埋められていた**ことである。これは、長い年月により いつしか埋没したという自然現象によるものではなく、最初から、意図的に埋められていたらしい。わざわざ埋めるというこの奇妙な習慣が、オルメカ文明の特徴のひとつでもある。

地中に埋めた理由については、像を制作した人々が、神々は地中に住んでいるといった宗教観を持っていたからではないかといわれている。

オルメカ文明の奇妙さは、像の地中埋蔵だけではない。巨石人頭像の造形こそ、もっとも不思議な点である。これらの像は共通した特徴がある。頭にはヘルメットのようなものを被り、厚い唇と大きな目をしている。何より目を惹くのが低い鼻だ。その造形から「ベビー・フェイス」とも呼ばれている。

一見すると、アフリカ系の顔立ちのように見える。オルメカ文明が栄えたのはアメリカ大陸である。それなのになぜ、**巨石人頭像の顔立ちはアフリカ系なのだろうか。**

この時代にアフリカ人がアメリカ大陸に到達していたという証拠はないが、まだ見つかっていないだけかもしれない。そもそも人類の発祥はアフリカ大陸からであり、アフリカ系の顔立ちをした住民が、移動してきたという説もある。

巨石人頭像をひとつひとつ比べてみると、どれも顔が違っている。そのことから、想像上の神をモデルにしたものではなく、神官や王など、実在した人をモデルにしたものらしい。となると、にわかにアフリカ系住民説が真実にも思えてくる……。

ただ現在、ほとんどの専門家はアフリカ系住民説には懐疑的だ。アフリカ系の顔立ちに見えるが、これらの特徴は、メソアメリカ（中央アメリカ）の先住民の顔にも似ていることから、**ルーツはメソアメリカという説が主流となりつつある。**

また、メキシコ人は東洋人とも顔の造作が似ていることから、アジアをルーツだと考える専門家もいるようだ。

オルメカ文明を象徴する巨大な人頭像（復元）

実在の人物をモデルにしたとしても、実際よりも目は大きく、唇は厚く、鼻もがっちりした形にするなど、デフォルメされている可能性がある。そのために、アフリカ系の顔立ちのように仕上がってしまったのかもしれない。

この不思議な巨石人頭像には謎が多く、つくられたときから頭部だけなのか、胴体部分はどこにあるのかもわかっていない。

最強のファラオ・ラムセス二世が築いた「辺境の大神殿」

古代エジプトを代表する神殿

古代エジプト最強のファラオといわれるのが、第一九王朝の**ラムセス二世**である。紀元前一三世紀頃に在位したラムセス二世は、ヒッタイトと戦って失地を回復すると王朝の最盛期を築き、神殿、オベリスク、宮殿など多くの建築を手がけた。なかでも、ほかを圧倒する威容だったのが**アブ・シンベル大神殿**である。

アブ・シンベル大神殿は、ナイル川の上流、ヌビアの地に建設された。高さは三三メートル、幅は三八メートルという大きさで、入口の左右には座像が二体ずつ計四体並んでいる。これはすべてラムセス二世自身の像だとされる。

神殿奥の至聖所には、プタハ神、アメン・ラー神、ラー・ホルアクティ神、神格化されたラムセス二世の座像がある。至聖所に窓はひとつもないが、**不思議なことに二月と一〇月の特定の日だけ、朝日が神殿奥まで届く構造となっている。**

ラムセス２世がヌビアの地に築いたアブ・シンベル大神殿

この日に何か意味があるのか確かではないが、ラムセス二世の生まれた日と即位した日、あるいは春分・秋分を示そうとしていたなどと伝えられている。

またこのとき、一番左に鎮座するプタハ神にだけは日が当たらないのだが、これはプタハ神が冥界神であるためだとも、単なる設計ミスのためだともいわれている。

「建築場所」にも不思議が

謎が残る仕掛けだが、アブ・シンベル大神殿を築いた場所も不思議である。

アブ・シンベル大神殿が建つのは、ピラミッドやスフィンクスとは異なり、中心から遠く離れたヌビアの地である。ヌビアは現在のスーダン領で、エジプトの最南端アスワンからナイル川を遡って、およそ二八〇キロメートルもの距離にある。古代エジプト人にとっては辺境の地である。なぜラムセス二世は、こんな僻地《へきち》に神殿を建てたのだろうか。

「国境」がポイント

ここは肥沃な土地柄で食糧の供給や人員の調達がしやすく、また岩壁の形が神殿建設に向いていたという好条件がそろっていた。だが、それだけではない。**エジプト王朝との境目で事実上の国境だった点も外せない。**

ヌビアという名は、古代エジプトで金を意味する「ヌブ」に由来し、その名に違《たが》わず黄金、銀、銅、鉄、象牙、香料などの高価な物品を産していた。

古代エジプトのファラオは、ヌビアを征服するため何度も遠征し、ヌビア側も抵抗を繰り返していた。ラムセス二世の父セティ一世もヌビアの反乱の鎮圧に手を焼いていたが、ラムセス二世によってついに支配するに至ったのである。

ラムセス二世は、ヌビアに合計七つもの神殿を建てているが、こうした場合に使役されるのはヌビアの住民や捕虜となった奴隷たちである。

●ラムセス2世が残した遺跡とアブ・シンベル大神殿

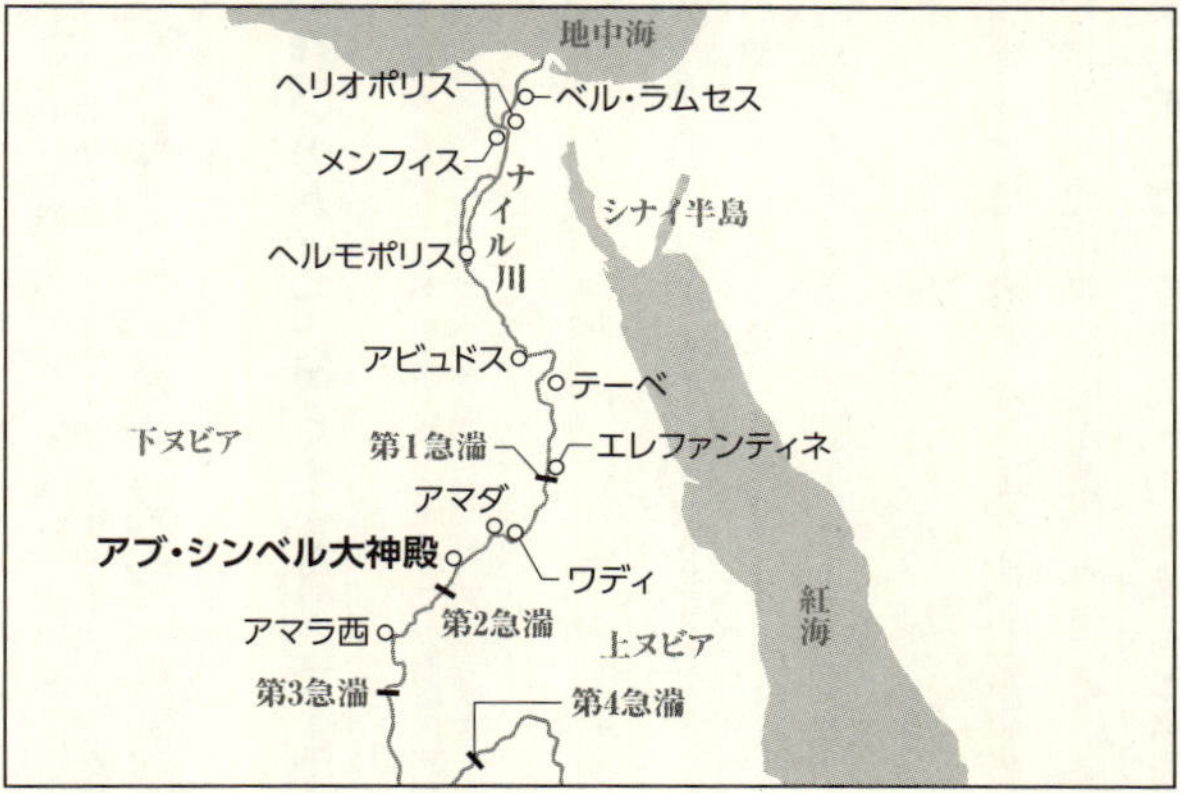

ヌビアの住民たちに畏怖心を抱かせ、彼らの王は自分であると知らしめるのに、神殿建設は格好の事業だったに違いない。

住民たちに「権威」を示すため

それを示すかのように、アブ・シンベル大神殿のもっとも目立つ入口に四体の自身の像を配置しているのに対し、足元にはアジア人、アフリカ人と見られる隷属者《れいぞくしゃ》の姿が小さく刻み込まれている。これも**自らの威容を強調するためだった**のではないか。

辺境の地で、しかも統治が難しかった土地だからこそ、アブ・シンベル大神殿がこの地に建てられた可能性がある。

混乱のなかで姿を消した「契約の箱」の意外な行方

戦いのたびに持ち出された「不思議な箱」

ハリソン・フォードが演じた「インディ・ジョーンズ」シリーズの第一作は『レイダース／失われたアーク』だった。

この「アーク」とは、ヘブライ語で**「契約の箱」**を意味する言葉である。主人公インディが探し求めたのは、『旧約聖書』に記されながらも、行方がわからなくなっている契約の箱だった。

契約の箱は、モーセが神から授かった十戒を刻んだ二枚の石板を納めたとされる箱である。長さ一・二メートル、幅と高さがそれぞれ六七センチメートル（七九センチメートルともいわれる）で、内外は金の延べ板で覆われ、長側面に金輪があり、棒を通して持ち運ばれていたという。

契約の箱は、驚異的な力があるとされ、戦いや民族移動の際に持ち出されていた。

●契約の箱の行方

十字軍の兵士によってフランスへ持ち去られた
フランス
定説
紀元前586年のエルサレム陥落時に消失した
エホヤキム王がバビロンへ持ち込んだ
エルサレム
地中海
バビロン
エルサレムの神殿があった神殿の丘に埋まっている
紅海
アクスム
アラビア半島
アラビア半島に持ち去られた
エチオピアの王メネリク1世がアクスムへ持ち去った
ジンバブエへ運ばれた
ジンバブエ

たとえば、ヨルダン川流域の街エリコを攻略するときには不思議な力で城壁を崩すことができた。また、イスラエルの民がヨルダン川を渡ろうとしたとき、司祭が箱を担いで先頭に立つと、川の水がせき止められ、渡ることができたという。

一時は安置されたが……

『旧約聖書』によれば、一時、契約の箱はペリシテ人によって持ち出されたことがあったが、ダビデ王が取り戻し、後にエルサレムの神殿内の至聖所に安置された。しかし**紀元前五八六年、新バビロニアがエルサレムを破壊したとき、契約の箱は行方知れずになる。**

箱のその後については『旧約聖書』にも記述がない。

エチオピアに持ち出された?

契約の箱はいったいどこに消えてしまったのか。その行方にはさまざまな説がある。

一説にはエチオピアのアクスムにあるという。

エルサレムからエチオピアに持ち出された経緯については、一三世紀に編纂《へんさん》されたエチオピアの歴史書『ケブラ・ナガメト』にこう記されている。

——ソロモン王から知恵を得るためにシバの女王がエルサレムを訪れる。そこでソロモン王の子ども、メネリク一世を身籠った。ソロモン王はシバの女王がエチオピアに戻るときに指輪を渡し、子どもが大きくなったらこの指輪を持ってエルサレムを訪れるようにいった。そして、成人したメネリク一世はソロモン王を訪ね、その知恵を学んだ。帰国するときに、ソロモンの直系である自分が契約の箱を持っているのにふさわしいと考えて、エチオピアに持ち帰った——。

現在、この**契約の箱はアクスムにあるマリア・シオン大聖堂に保管されている**という。しかし、契約の箱がある場所には、アークの番人と呼ばれる選ばれた者が見張っ

契約の箱が保管されているというエチオピアのマリア・シオン大聖堂

ており、誰も確認することができない。

さまざまな説が入り乱れる

最近では、東洋アフリカ研究学院のチューダー・パーフィットが、**ジンバブエにある太鼓のような形をした物体が契約の箱ではないか**という説を提唱した。ただ、放射性炭素年代測定法によって、契約の箱の時代より新しいものだと判明したため、疑問が呈《てい》されている。

ほかにも、エルサレム神殿が建っていた神殿の丘に今も埋まっているという説や、十字軍の兵士がフランスに運んだという説などがあるが、今もってどの説も推測の域を出ていない。

巨大都市「テオティワカン」に隠された建国の謎

計画的につくられた古代の都

メキシコシティから北東五〇キロに位置する**テオティワカン**は、紀元前二世紀〜紀元前一世紀頃につくられ、七世紀頃に突如滅んでしまった。面積は約二〇平方キロもある、計画的につくられた都市で、最盛期には一〇万人以上（一説には一五万人とも二〇万人ともいわれる）が住んでいた。

なぜここに巨大な古代都市がつくられたのか、誰がつくったのか、どうして滅んでしまったのかなど、詳しいことはわかっていない。テオティワカンという名称も、後のアステカ族が「神の宿る地」という意味で名付けたにすぎない。テオティワカンは、海抜二三〇〇メートルの高地で、周囲には湖が多く、住むのに適した場所だった。

都市の中心をなす長さ四キロメートル以上の大通り「死者の大通り」を中心に、太陽のピラミッド、月のピラミッド、ケツァルコアトル神殿が整然と配されており、ここは初めから都市全体のデザインが決められたうえでつくられたと想像できる。
最大のピラミッドである**太陽のピラミッド**は、高さ六三メートル、底辺は二二五メートルである。二二五メートルの底辺というと、エジプトのクフ王のピラミッドとほぼ同サイズだ。夏至の日には、太陽がこのピラミッドの正面に沈む。つまり、太陽軌道を計算したうえで、太陽のピラミッドは配置されているのである。

月のピラミッドは、高さ四六メートル、底辺は約一五〇メートル。驚くのは、太陽のピラミッドより一七メートルも低いにもかかわらず、二つのピラミッドの頂点はほぼ同じ高さになっている点だ。土地の高低差を計測して、月のピラミッドのサイズは決められたと考えられる。別名「死のピラミッド」とも呼ばれており、近くから生贄にされたと見られる多くの遺体が見つかっている。

ケツァルコアトル神殿は、羽毛を持った蛇の神で、アステカ神話では農耕の神、風の神として信仰されたケツァルコアトル神と、雨の神であるトラロック神が祀《まつ》られている。高さ二〇メートル、底辺は六五メートル。ほかの二つと違うのは、この神殿だけ四〇〇メートル四方の城壁に囲まれていることだ。そのためここは儀式場だったのではないかとも考えられている。実際、一九八〇年代の調査で、二〇〇人以上の生贄の埋葬跡が見つかっている。彼らの大半は兵士や神官たちで、両手を後ろで縛られていたことから、戦いの際に捕らえられた捕虜と見られる。

地下通路から見つかった木箱の秘密

これまでテオティワカンから大規模な宮殿や王墓（テオティワカンのピラミッドは祭祀用と考えられる）が見つからなかったことから、王のような絶対的権力者はいなかったのではないかと考えられてきた。ところが二〇一四年、これまでの定説を覆すかもしれない発見があった。神殿近くの地下通路から大量の埋納品が発見されたのである。しかも、ここから木箱が発見され、箱の底には灰が認められた。

この灰がもし遺灰なら、木箱は誰かの棺という可能性が出てくる。

となると、**神殿は儀式場というだけでなく、テオティワカンにとって重要な人物の墓の役目も果たしていたのではないか。この遺灰の人物こそテオティワカンの王だったのではないか。**そのような新たな可能性が浮上してきたのだ。

また、二〇一七年には月のピラミッドの下でも地下通路が見つかった。

考古学者の検証により、アステカ文明以前のものであることが確認された。地中一

地下通路が発見されたテオティワカンの月のピラミッド

〇メートルの深さにあり、月のピラミッドから近くの月の広場までをつないでいるという。

しかも、ケツァルコアトル神殿近くで見つかった地下通路とよく似ていた。この地下通路は、電気探査法によって偶然発見したもので、まだ誰も実際には地下通路に足を踏み入れていない。そのため詳細は不明である。

一説には、**テオティワカンの住民は死後の世界が地下にあると考えていた**という。

テオティワカンの地下は、そうした彼らの世界観が表現されているのではないかとの見方もあり、さらなる調査が待たれるところだ。

女神アルテミス像「二一個の乳房」の意味

「多産」と「豊穣」のシンボル

ギリシア神話に登場する**アルテミス**は、純潔を尊ぶ処女神として知られる。狩猟の女神でもあるため弓矢を持った姿をしているのが一般的である。

だが、トルコ西部のエフェソスで祀られていたアルテミス像は、処女というより成熟したふくよかな女性の姿である。下半身には、キリン、ライオン、シカ、ヒョウ、牡ウシ、ミツバチをはじめ、ユニコーン、スフィンクスなど架空の動物まで多彩な生き物が彫られている。これは自然との密接な結び付きを表現していると考えられている。

エフェソスのアルテミスでもっとも特徴的なのは、彼女の胸である。**横三列に七個ずつ、合計二一個もの乳房がびっしりと並んでいる。このたくさんの乳房は、多産・豊穣のシンボルと考えられてきた。**

「レプリカ」が数多く出土

ただ、乳房ではなくミツバチの卵ではないかという解釈もある。エフェソスでは、女神に仕える巫女はミツバチを意味するメリッサ、神官長は雄バチを意味するメガビュクソスと呼ばれていた。たくさんの卵からたくさんの子孫を生み出す女王蜂を女神になぞらえていたのかもしれない。たしかに、エフェソスではミツバチを国の象徴としていたようで、通貨にも刻まれていた。

エフェソスの女神アルテミスの像

エフェソスのアルテミスの姿が、ギリシアのそれとずいぶん異なる姿なのはなぜだろうか。

エフェソスの街は、紀元前一二〇〇年頃に移住してきたイオニア人たちによって始まり、紀元前八五〇年頃に築かれたアルテミス神殿を中心に発展した。当然、イオニア人たちが信仰していたのはギリシアの女神アルテミスだった。

しかし、先住民族の信仰との融合を図る必要があったのか、古くからその地で信仰されていた地母神キュベレを意識したことで、エフェソスならではのアルテミス像が誕生したのだ。たしかに女神像の顔立ちも、先住民族の顔に近い。

エフェソスは豊かな地であるうえ交易も盛んで、人口は二〇万人を数えた。紀元前三五六年、アルテミス神殿は火災で焼失するが、さほど時を置かずして大神殿が再建されている。多産・豊穣を証明しているかのような国力である。

エフェソスはローマ帝国の勢力下に入っても繁栄していたが、紀元二六二年に侵入してきたゴート族によって神殿は破壊された。このとき神殿にあったアルテミス像は、高さが一五メートルあり、黄金と象牙で飾られていたという。そのため掠奪されたと考えられている。

それにもかかわらず、**今日の我々がエフェソスのアルテミス像の姿を知り得たのは、アルテミス像や神殿の小さなレプリカが出土したからだ。**

これは当時の住民が、レプリカを前にそれぞれの家庭で祈りを捧げる習慣があったためである。

2章

「繁栄」から「滅亡」までの知られざるドラマ

伝説の島「アトランティス」がついに発見か⁉

多くの人が捜し求めてきたが……

——**アトランティス**では、住民たちが正しい心で豊かな暮らしを送っていた。しかし、次第に住民たちは堕落し、神を敬わず好戦的になったため、主神ゼウスの怒りを買うことになった。ゼウスが地震と洪水を起こし、アトランティスは一日と一晩で海に沈んだ——。

これは、古代ギリシアの哲学者プラトンが、晩年の紀元前三五五年頃に著した『クリティアス』と『ティマイオス』に記されているアトランティス滅亡の記述である。

教訓的ではあるが、多くの研究者がドラマティックな物語に魅了され、実際にあったことに違いないと信じ、**「アトランティスはどこに沈んだのか」**を躍起になって捜してきた。

まず注目されたのは大西洋のどこかである。プラトンはそこを「ヘラクレスの柱の

イベリア半島南端のジブラルタルにそびえる岩山が「ヘラクレスの柱」と伝わる

外側」と記したが、一般的にヘラクレスの柱とは、ヨーロッパとアフリカを隔てるジブラルタル海峡にある岬のことで、外側には大西洋が広がっている。アトランティスの名が大西洋の名（Atlantic Ocean）に似ていることからも、**アトランティス捜しは大西洋で始まった。**

大西洋のほぼ中央に位置するアゾレス諸島、また北大西洋のバミューダ海域も有力視された。スウェーデンやスペインあたりではないかとも考えられた。

だがいずれも決め手に欠け、アトランティスは大西洋に限らず、世界中の至るところで捜されることになった。しかも海や海岸沿いだけではなく、内陸部であっても、滅亡した文明があれば、そこはアトランティスではないかと主張する人まで現われた。その結果、今やアトランティスはアメリカ大陸やサハラ砂漠、南極大陸にあったという説まで出ており、**その候補地は一七〇〇か所にも及んでいる。**

最有力候補は「エーゲ海」にある

現在、有力視されているひとつが、エーゲ海に浮かぶサントリーニ島である。サントリーニ島は、主島のテラ島を中心に五つの小さな島からなり、直径一〇キロメートルほどの海を囲んだドーナツ型をしている。

かつてのサントリーニ島は、真ん中には海のないほぼ円形の島だったが、紀元前一四〇〇年頃に火山が爆発して中央部がカルデラになり、そこに海水が流れ込んで現在のような形になった。

一九六七年から行なわれた発掘では、火山灰の下からフレスコ画で飾られた大宮殿や家々、人骨などが出土した。その様は、まさにアトランティス伝説を彷彿とさせたが、サントリーニ島の規模では小さすぎた。強大な軍隊を持ち、多くの人々が暮らしていたという話に合致しないのだ。

ミノア文明を滅ぼしたといわれるサントリーニ島の火山カルデラ

そこに登場したのが、サントリーニ島の南約一〇〇キロメートル、**エーゲ海の南縁に浮かぶクレタ島**である。

クレタ島は、何人もの王がいたこと、雄牛にまつわるクノッソス宮殿の逸話が伝えられていることなど、アトランティス伝説との共通点が多い（アトランティスでは、雄牛を儀式に用いたとある）。青銅器文化であったことも、アトランティスでは銅の合金を用いていたという記述と合致していた。

正体は「二つの島」？

かつてクレタ島のクノッソス宮殿を中心にミノア文明が花開いていた。その文明が崩壊したのはギリシア本土からのミケーネ人の侵入によるというのが従来の定説だった。

しかし近年の発掘調査で、クレタ島に火山はないのに、火山噴出物である火山灰や軽石が見られ、サントリーニ島との関連が指摘されるようになった。

両島の間を走る艦隊を描いたフレスコ画も出土していることから、サントリーニ島とクレタ島の間には活発な交流があったと思われる。**サントリーニ島とクレタ島を合わせた、ミノア王国とでも呼ぶべき存在、それがアトランティスではなかったか……。**

サントリーニ島もクレタ島も大西洋に位置していないが、プラトン以前のギリシアでは、ギリシア本土南端の岬をヘラクレスの柱と呼んでいたという説がある。

もしそうならば、両島ともプラトンがいう「ヘラクレスの柱の外側」に合致することになる。

むろん、ミノア王国のような国の存在がアトランティスだったという確証はまだないが、きわめて類似点が多いことから注目されていることは確かである。

文明都市「モヘンジョ・ダロ」の突然すぎる滅亡のきっかけとは？

住人たちが文明都市を残して消えた謎

世界四大文明のひとつである**インダス文明**は、インダス川中流域のハラッパ、下流域の**モヘンジョ・ダロ**を中心に栄えた都市文明で、紀元前二三〇〇年頃から紀元前一七〇〇年頃に栄えた。

なかでもモヘンジョ・ダロは、幅九メートルの大通りを中心に、碁盤目状に道路が整理され、一般の住宅もレンガづくりだった。さらに、各戸に井戸があり、家から出された排水は、排水専用の溝に流れる仕組みになっていた。つまり、**上下水道のような設備が整っていた。**

また、小高い丘（約一五メートル）が、レンガの壁で囲まれた城塞になっており、そのなかには、縦一二メートル、横七・五メートル、深さ二・五メートルの沐浴場《もくよくじょう》や学問所、穀物倉があった。

特徴的なのは、ピラミッドのような権力を誇示する大型の建造物がないことである。そのことから、インダス文明では、王のような絶対的な権力者が統治していなかったのではないかと考えられている。

モヘンジョ・ダロの最大のミステリーは、住人たちが忽然と消えてしまい、都市の跡だけが残っていることだ。いったい、なぜ高度な文明を誇った文明都市が、歴史の舞台から消えてしまったのか。

大洪水説と土地の乾燥説

これまで支持されていたのは、アーリア人の侵攻によって滅びたという説である。モヘンジョ・ダロでは武器らしい武器が出土していないため、彼らは外敵に対する備えがほとんどできていなかったと考えられる。そんな人々が、戦争に長けていたアーリア人に攻め込まれたとしたら、あっさりと陥落してしまうことは想像に難くない。

ところが、その後、放射性炭素年代測定法により、アーリア人が侵攻する二〇〇〜三〇〇年前には滅んでいたことがわかったのである。

そこに浮上してきたのが、**大規模な洪水により滅んだ**という説。たしかにこの時期

住人が忽然と消えたモヘンジョ・ダロ

には、少なくとも三回の大規模洪水があったことがわかっており、大きな被害を受けていたようだ。しかしながら、こうした天災の後、復興を遂げていたのも事実である。三回の大洪水を乗り切った彼らでも、再起不能になるほどの大洪水がほかにあったかどうかは確証がない。

一方、大洪水説とは真逆の**土地の乾燥化**を唱える説もある。

川の大規模氾濫は住民にとっては脅威であるが、適度な氾濫は、上流から肥沃な土を運んできてくれる。農業にとっては、その豊かな土は恵みでもある。

ところが、地殻変動により地表が隆起してしまい、川の流れが変わってしまった。

結果、モヘンジョ・ダロ流域の川は干上がり、農業の生産性が落ちて、食糧不足に陥ったという。モヘンジョ・ダロ近郊では、都市の人々の食糧を栽培していたと考えられており、これらの農地での収穫量が激減した結果、人々は食糧を手にすることができなくなったのかもしれない。

〝忽然と〟消えた理由はまだわかっていない

また、川は物資を運ぶための道でもあり、流域住民との交易が盛んだったことも、モヘンジョ・ダロを豊かな都市にしていた。しかし川が干上がったことで、商業活動もままならない状況になった可能性もある。そのため、モヘンジョ・ダロの住民は、ここを放棄せざるを得なかったというわけだ。

しかしそうであれば、徐々に住民が減っていくだろう。ある程度の期間をかけて都市が荒廃していったはずだが、それを示す痕跡や遺物が残っていない。**高度な文明を持ちながら、都市だけを残し、あたかも忽然と消えたように見える**のだ。そんなことがあるだろうか。真相はいまだ明らかになっていない……。

マヤ文明の運命を決定づけた「終末論」

勝者すらいない熱帯森林に埋もれた都市

都市を築き、何世代も繁栄を謳歌《おうか》しておきながら、さしたる理由もなくそれを放棄するなどということがあるのだろうか。

古代から中央アメリカで発展した**マヤ文明**は、階段ピラミッドをはじめとする石造建造物や、意味と音節の組み合わせによる複雑な文字を特徴とし、二五〇〇年前後に最盛期を迎えた。

ところが九〇〇年前後になると、各地のマヤの都市は次々に衰退する。住民たちはどこかに消え、都市は熱帯森林に覆われたのである。

なぜ、マヤの都市は消滅することになったのか。そこには意外な理由があったことが、近年わかりつつある。

マヤ人は、高度な天文知識を持っていた。一年に五分ほどの誤差しかない暦を用い、文字による記録も行なっていた。王の事跡や儀式、戦争などの出来事を日付とともに刻んだ石碑があり、これがその都市の歴史を物語っていた。

だが、**マヤの主要都市カラクムルでは八一〇年の石碑が最後となり、やがてほかの都市でも石碑は建立《こんりゅう》されなくなった。**

なぜ、大都市を捨てたのか？

その背景に、地震やハリケーンなど自然災害があったのかと考えられたが、そのような被害をもたらした災害の痕跡はないし、疫病が流行ったという記録もない。

マヤでは都市間の戦争が頻繁に起こり、中央メキシコからの外敵の侵入もあったようだが、それならば勝者が代わってその都市を治めるか、徹底的に破壊するかなどをしてもよさそうである。しかしそういった痕跡もないのである。

食糧不足も一説として考えられた。マヤの人々はトウモロコシを主食として焼き畑農業を行なっていたが、乾燥化が進んで次第に土地が痩せたうえ、肥大した都市の人口をまかなうほどの収穫ができなくなったのではないかというのだ。

独特の「終末論」を持っていた

ただ、広い地域にわたって繁栄していた都市が、ほぼ同時期に放棄されるのは不可解である。そこで指摘されたのが、**マヤ人は独特の終末論に従って、都市を放棄した**という説である。

マヤ暦は、紀元前三一一四年を始まりとして二〇進法で数える複雑なもので、宗教儀礼はこの暦に従って行なわれていた。

マヤの都市のひとつコパンに残された碑文

ウイナルという二〇日を基本単位とし、一八ウイナル（三六〇日）が一トゥン、二〇トゥン（七二〇〇日）が一カトゥンになる。一カトゥンは現代の暦では、およそ二〇年にあたり、石碑が建てられるのは一カトゥンが終わるときだった。

そこから逆算し日付を付けながら、王の姿や事跡を刻んだらしい。

そして、この一カトゥンが一三回積み重なった一三カトゥンが二五六年となり、これを一周期として歴史の輪廻《りんね》が繰り返されると考えていた。つまり、**二五六年ごとに世界の終末が訪れるという世界観を持っていた**のである。

「世界の終わり」に合わせて何度も移動

事実、マヤ文明のひとつで、現在のメキシコのユカタン半島にあるチチェン・イツァ遺跡を築いた**イツァ族は、六九二年、九四八年、一二〇四年、一四六一年と、ほぼ二五六年おきに都市を建設してはそれを放棄し、移動を繰り返していた**ことがわかっている。

マヤ人も、こうした宗教観・世界観によって、都市を放棄していたのかもしれない。

では、放棄したとするならその後、マヤ人はどこに向かったのだろうか……。

地中海の歴史を変えた「無名集団」の正体

大国を次々滅ぼした「海の民」

紀元前一二世紀末頃、当時栄華を極めていたヒッタイト帝国が滅んだ。この大国を滅ぼしたとされるのが**「海の民」**と呼ばれる民族だ。

海の民は、ヒッタイト帝国のほかミケーネ帝国を滅ぼしただけでなく、エジプトにも二度にわたって攻め込んだとされている。

それほどの力を持った海の民とは何者なのか。

じつは、確かなことがあまりわかっていない。なにしろ、**海の民についての記録が、エジプトに残されているものしかない**からである。

海の民についての記述があるのは、エジプトのラムセス三世（在位：紀元前一一八四年～紀元前一一五三年）の治世に書かれた歴史文書大ハリス・パピルスと、ルクソールにあるメディネト・ハブ（ラムセス三世葬祭殿）のレリーフなどである。

「多様な民族」の集まり？

それによると、海の民は紀元前一二〇七年、エジプトを最初に襲撃したようだ。襲撃してきたのは、隣国のリビアに加え、ルッカ、シェルデン、シェケレシュと呼ばれる民で、このとき、エジプトは戦いに勝利し、六〇〇〇人以上を殺して残りを敗走させたとある。

二度目の襲撃はラムセス三世の治世だった紀元前一一七七年頃で、デネン、ペレセト、シュケレシュ、シェルデン、テレシュといった民族が加わっていたとある。彼らは海と陸の両方からエジプトに攻め込んだものの、エジプト軍に撃破された。しかし、エジプト以外で大群で攻め込む侵入者を前に踏みこたえられた国はなく、ヒッタイトやミュケナイ、カナン、キュプロスなどが次々に陥落していったとある。

こうした記録から、**海の民はひとつの民族ではなく、イタリア半島とバルカン半島を中心に、地中海の各地にいた多様な民族が統合された集団だった**と考えられている。

メディネト・ハブのレリーフから、彼らはコルセット風のよろいをかぶり、縁取りのあるスカートをはき、ふさ付き兜《かぶと》を身に付け、長剣と盾で武装していたと推測されている。

ただ、彼らの武器のひとつである鉄剣は、おそらく世界で初めて武器として大量生産されたものだと考えられているが、彼らがどこから調達していたのかは不明である。

ルーツもその後も「すべて」が謎

こうして移動をしながら、多くの国を滅ぼした海の民だが、その後の彼らについては何もわかっていない。

残されている名前も、いまだにどこがルーツなのかわからない民族も少なくない。彼ら独自の碑文がひとつも残っていないからである。いわば、**海の民を構成しているのは、無名の集団だった。**

比較的組織立った軍隊だったのか、ならず者の集団だったのか、それとも災害などから逃れて新天地を求めてやってきた難民の群れだったのか。

古代オリエントに大きな爪痕を残した海の民だが、彼らの正体ははっきりしていない。ただ、彼らの移動によって東地中海の歴史は大きく変わり、多くの民族が融合されたことだけは間違いない。

海の民犯人説はウソ？「ミケーネ滅亡」の真相とは？

「火災」が滅亡の原因か

ミケーネ文明は、バルカン半島で古代ギリシア人により繁栄した。おもに、地中海諸国との貿易で莫大な富を手にして、周囲には巨大な城壁を築いた。とくに、一八七六年にシュリーマンによって発見されたアガメムノンの黄金の仮面は、ミケーネ文明の代表的な遺物として有名で、文明の隆盛を示すひとつである。

しかし、隆盛を極めたものの、紀元前一二〇〇年頃に突如として滅び、使用されていた文字も失われ、その後の**約四〇〇年間は史料がない空白の時代が存在する。**ミケーネ文明は、いかにして滅びたのか、これまで多くの研究者がその謎に挑んできた。

これまでの発掘調査から、わかってきたことがある。

滅亡した時期に広範囲にわたり火災が発生し、宮殿や建物が燃えていたようだ。証

「海の民」によって滅ぼされたといわれてきたミケーネ文明の中心地ミュケナイ

拠として、焼けた泥レンガや炭化した建物の梁《はり》が見つかっている。

真相はいまだ闇のなか

ただ、堅固な要塞を持っていたミケーネが、なぜこのようになってしまったのか、火災の原因は謎に包まれており、今でも学者たちによってさまざまな説が提唱されている。

ひと昔前までは、**ミケーネより北に住んでいたギリシア系の一派ドーリア人による侵攻**だという説があった。

しかし、滅亡後のミケーネの葬儀の方法や、土器の文様、鉄の使い方などが、ドーリア人の文化とは異なっていた。ドーリア人の侵略があったなら、ドーリア人の文化の流入の痕跡が残っているはずである。そのため、現在ではドーリア人の侵攻説を支持する人は少ない。

ほかにも、長期間に及ぶ遠征により経済が弱体化し民衆が疲弊。さらに、指導者が不在だったことから内部抗争が起こったのではないかと見ている学者もいる。

「海の民」による襲撃説

これまでの説で信憑性《しんぴょうせい》が高いとされてきたのが、67ページでも紹介した「海の民」による襲撃説だ。

同時期、ミケーネより西に位置する巨大帝国ヒッタイトが、海の民により滅ぼされている。ほかにも、海の民はエジプトを二度にわたり攻撃しており、その戦いの様子がエジプトの壁画に残されている。ほぼ同じ年代に近隣の文明が狙われているのならば、同一犯による襲撃があったと考えることに不自然さはないだろう。

しかし、海の民に関する当時の様子はエジプトの壁画にしか残されておらず、その正体はベールに包まれている。

また、ミケーネの沿岸地方、島嶼《とうしょ》地域に破壊の痕跡が残っておらず、海からの侵入があったという証拠がない。そもそも、考古学的に見ると紀元前一二世紀から紀元前一一世紀まで、異民族の侵攻・攻撃、内部での反乱などの争いの痕跡は発見されていない。そのため、この説を確実にする物証はなく、ミケーネ滅亡の謎は残されたままだった。

「人災」ではなく「天災」?

現在、真相に近いと考えられているのは、この時期に東地中海で起きた大規模な地震が関係するという説だ。地震による二次災害による火災なら広範囲にわたり起こったのも納得できる。

さらにこの地震の前には長期にわたる飢《き》饉《きん》があり、国は経済も民衆もかなり困窮していた。また、紀元前一三世紀後半には、複雑な中央集権制度が崩壊し始めたのではないかともいわれていることから、複合的に原因が重なり、ミケーネは再興できずに消え去ったのかもしれない。

栄華を極めていた古代文明は、突然姿を消したのではなく、**制度の崩壊や飢饉でじわりじわりと力をなくし、最後は地震で崩壊した**というのが有力視されている。

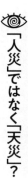

誰も暮らしていない都「ペルセポリス」の興亡

「帝国最大の都市」なのに……

紀元前のオリエントに君臨した**アケメネス朝ペルシア**。その帝国の最大の都として建設された**ペルセポリス**は、いまだ多くの謎に包まれた都である。

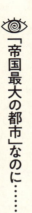

ペルセポリスは、ダレイオス一世の時代、紀元前五二〇年頃から六〇年をかけて完成したペルシアの都である。

ところが不思議なことに、ペルセポリスは帝国最大の都であるにもかかわらず、そもそも何のために築かれたのか不明なのだ。

ここにある謁見殿《えっけんでん》という建物の基壇には、貢物を持参した同盟国の代表などが謁見する姿がレリーフとして刻まれている。ここで「新年の大祭」といった儀式が行なわれたことは確からしい。

また、玉座の間や各王の宮殿、宝物庫、兵士の宿舎などの痕跡があるのだが、なぜ

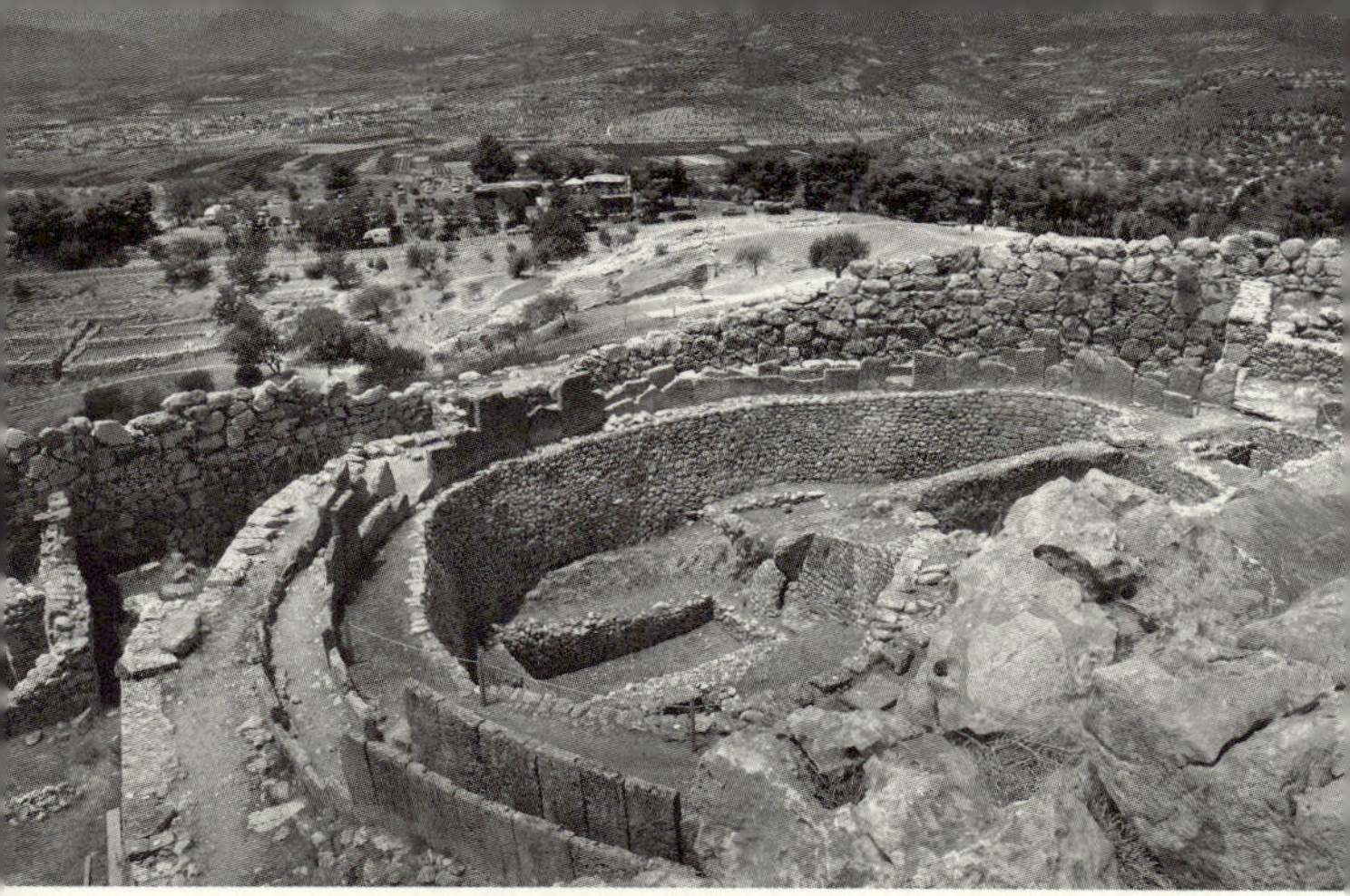

ペルセポリスの正門。この都市は儀式用の街だったとされる

か市民の住居や市場など、生活の場の痕跡がない。

つまり、**ペルセポリスに市民は暮らしていなかった**ことになる。

そこから、祭祀・儀式用の都だったと推測できるのだが、一年に数週間しか使わない都にしては規模が大きすぎるなど、真実の姿はいまだ判然としていないのである。

放火までの「奇妙な時間差」

その始まりからして謎めいた都だが、じつはその終焉《しゅうえん》についても疑問が残っている。

ダレイオス一世の治世では、帝国はインダス川流域から、エチオピア、アナトリアにまで及ぶ最大の版図を広げていた。

しかしダレイオス三世が治めていた紀元前三三〇年、マケドニアのアレクサンドロス大王率いる遠征軍に敗れたことで、ペルセポリスは無血開城することになった。四か月後にこの都は火が放たれ炎上し、広大な都は無残にも灰燼《かいじん》に帰している。

複雑に絡み合った思惑

なぜ放火されることになったのか。

ひとつは、**過去にペルシアがヨーロッパへ侵攻し、ギリシアの神殿を多く焼き払ったことに対する復讐説**がある。アレクサンドロス大王の遠征に同行していたギリシア人らが、復讐したというのである。

その根拠は、当時ヨーロッパに侵攻したペルシアのクセルクセス王の宮殿が、もっとも激しく破壊されていたからだ。

ただ開城から四か月も経って炎上している点を考えると、単なるギリシア人の怒りに任せた復讐とは考えにくい。

そこでもうひとつ浮かんでくるのが、**マケドニアと同盟国だったギリシア人への懐柔目的である。いわば、政治的意図があったらしい。**当時、ギリシアのスパルタが反乱を起こしており、マケドニアのペルシアへの遠征はギリシア人のためにしていると印象付けるために仕掛けたというのだ。

一方で、**占領下となったペルシア人への見せしめ**という説もある。開城後、四か月経ってもマケドニアへの抵抗をやめない一部のペルシア人がいたため、帝国の象徴であるペルセポリスを焼き払ったというわけだ。

真相は「焦土」のなか

これならば四か月後に火を放った理由の説明がつくのだが、一方でアレクサンドロス大王は、ペルシアの旧支配層を継承しながら新しい体制づくりを進めている。ならば、都を焦土にするより、それを利用したほうが合理的で、なぜ、わざわざ火を放ったのかは疑問が残る。

今日では計画的な放火であったことは間違いないだろうと考えられているものの、放火の背景に何があったのか、今ひとつ判然としないのである。二〇〇〇年以上経った今も、その真相は焦土のなかに埋もれたままである。

ポンペイを滅ぼした「火山の噴火」に新事実！

八月二四日、暑い夏の日に噴火した……？

ポンペイは、イタリアのカンパニア州北西部、ヴェスビオ山の南麓に位置する古代都市である。水はけのよい火山性の土壌と温暖な気候を持ち、ブドウや穀物の生産で知られていた。

西暦六二年、カンパニア州一帯を襲った大地震により、ポンペイの神殿や水道施設、個人住宅といった建築物が損壊した。震源地はヴェスビオ山に近く、カンパニア州の都市のなかでもポンペイの受けた被害はとくに大きかった。

その大地震を乗り越え、復興の最中であったポンペイを、またも大規模災害が襲った。西暦七九年のヴェスビオ山の噴火である。

大地を揺るがすような大爆音を皮切りに、悲劇は訪れた。ヴェスビオ山の山頂から巨大な火柱が吹き出し、町に熱風が押し寄せた。真っ赤に焼けた火山礫《れき》や軽石が雨のように降り注ぎ、有毒ガスを伴う高熱の火山灰が人々のとどまる家々に侵入した。六メートル以上降り積もった灰はその重みで建物を倒壊させ、ポンペイの町を飲み込んだ。

ポンペイで生活していた人々の多くは噴火など予期しておらず、予想をはるかに超える噴火の威力に命を落としたのは約二〇〇〇人にものぼる。**火山灰と火山礫に飲まれたポンペイは都市としての機能を失い、ついに二度と復興されることはなかった。**

この悲劇について、なんと記録が残っている。

当時、知人の救助のためにポンペイへ赴いた大プリニウスが目撃した噴火当時の状況が、小プリニウス（大プリニウスの甥）が書いた「手紙」に記されていたのだ。

――異様な形の巨大な雲が現われたことを母が伯父に知らせたのは、八月二四日の七時頃のことでした――。

この記述から、噴火が起こった日は、西暦七九年八月二四日であり、長年、これが定説とされてきた。二〇一四年に公開されたアメリカ映画『ポンペイ』でも、身分違いの恋に落ちた男女が愛する人を救うために奮闘する様が、ヴェスビオ山の噴火が起こった八月二四日のポンペイを舞台に描かれている。

ポンペイ滅亡の歴史が書き換わる？

ただ、定説とされてきた八月二四日に矛盾がないわけではなかった。ポンペイ遺跡の発掘調査では、秋に実るはずの果物が枝についたままの状態で見つかっていたからだ。そのため、実際の噴火の日付は、もっと繰り下がるのではないかという主張もあった。

この主張を裏付けるかのような発表が、二〇一八年、イタリアの考古学者チームによってなされた。ポンペイ遺跡の発掘調査で、「レッジョV」と呼ばれる発掘現場から、ある落書きが見つかったのである。

その落書きは、改修中の家の壁で見つかったもので、そこには木炭で「XVI K Nov」と記されていた。意味は「一一月の一六日前」である。つまり、現在の日付では一〇月一七日あたりとなる。

残念ながら年は書かれていないが、木炭の文字が長い間残っているとは考えられないことから、噴火のあった年だろうと推測でき、もしこれが事実ならば、一〇月一七日あたりまでは、ポンペイの街は平穏だったはずである。

ヴェスビオ火山とポンペイの遺跡

つまり、**噴火は少なくとも夏ではなく、秋だったことになる**わけだ。

たしかに一〇月以降に噴火が起こったのだとすれば、秋に実るはずの果物が枝についたままで発見されたことも説明がつく。

落書きした人物は改修工事を行なっていた労働者と見られるが、最終的には壁は漆喰《しっくい》で固められる予定だったようだ。

無論、後世に残す意図はまったくなかったはずだが、それが二〇〇〇年以上の時を経て、噴火の日付を伝える重大な証拠になるかもしれない。

この発見を受けて、イタリアの文化観光相も、歴史書を書き換える可能性もあるとコメントしている。

アンコールワット崩壊の引き金となったのは……？

原因は「水利システム」

一六世紀の中頃、カンボジアの熱帯の密林から、壮麗な寺院や宮殿などが建ち並ぶ壮大な遺構が発見され、世界中を驚かせた。九世紀から一五世紀にわたりカンボジアに栄えたアンコール王朝の都・アンコールの遺構である。

広大な都には、寺院や貯水池、橋、宮殿などが残されており、その繁栄ぶりをうかがわせた。その中心の**アンコールワット**は一二世紀前半、スールヤヴァルマン二世が約三〇年余りかけて建立した世界屈指の大寺院である。

しかしアンコール王朝は一四三二年、タイのアユタヤ王朝との戦いに敗北し、それを契機に都を放棄している。最盛期に六〇万人もいたクメール人は、この栄華を極めた都を捨てて、どこへともなく姿を消したのだ。

こうして人がいなくなり廃墟となったアンコールは、いつしかジャングルに飲み込

アンコールワットは放棄されたのち密林のなかに眠り続けていた

まれ、長い間、ひっそりと密林のなかに佇むことになったのである。

しかし戦いに敗れたからといって、六〇万人もの人が姿を消し、都が廃墟になることなどあるのだろうか。

都崩壊の原因については、仏教徒とヒンドゥー教徒の紛争説があるが、もうひとつ、内部崩壊したのではないかという説がある。

その**きっかけとなったのが水利システム**である。アンコールでは、農業用水を南のトンレ・サップ湖から確保していた。カンボジアには雨季と乾季があり、雨季にはメコン川から逆流した水が、湖にあふれるほど流れ込み農地を潤したが、乾季になると一変、湖は干上がってしまうほど水が枯渇する。

一年を通じて農作業ができるようにと考えた歴代の王たちは、雨季の雨を貯蔵する貯水池、水路をつくり、運河や堤防を築いて水利施設の整備に尽力した。

このインフラ整備で、一年を通して農業ができるようになり、あわせて農地を広げ、生産力が飛躍的に伸びたのである。これにより国の経済は発展したのだが、言い換えれば、水のインフラ整備は、歴代の王にとって王権維持に必要不可欠なものになった。

しかし、これが仇《あだ》となったらしい。増産が続いて国が豊かになれば人口も増え、さらなる増産が求められる。同時に水のインフラ整備もさらに求められることになる。それを行なうのは農民たちだった。農作業に加えて、インフラのための土木工事も強いられることになる。負担を強いられた農民らは次第に疲弊していった。しかも年月が経てば、古くなった水路や運河の修繕をする必要も出てくる。

やがて、修繕に手が回らない水路や運河が増えて荒地が広がると、土地を捨ててアンコールから離れる農民たちが出始めた。こうなると整備はますます進まず、荒地の増加に拍車がかかった。

時代が経るにつれて、水利システムに破綻が生じ、国自体が弱体化。住民たちは、そんな都に見切りを付けたことで、都の崩壊へとつながった可能性がある。

砂漠に消えて忘れ去られた「都市」と「美女」

シルクロードの要衝都市「楼蘭《ろうらん》」はなぜ衰退したのか？

一九八〇年、タクラマカン砂漠の**楼蘭遺跡**で発掘された女性のミイラは、彫りの深い顔立ちと亜麻色の髪を持っていた。ミイラとなってもなお美しさをとどめており、「楼蘭の美女」と世間を賑わせた。

この地には早くから人が住み着いており、周辺には旧石器時代の遺跡もある。都市国家の楼蘭を築いたのがどの民族だったのかははっきりしないが、シルクロードの要衝であるため、古くからアーリア系、チベット系、インド系、イラン系など、多くの人種がやってきては居住していたようだ。

楼蘭の美女は、三八〇〇年も前に葬られたもので、中央ヨーロッパ系の人種と考えられた。楼蘭の国際色豊かな繁栄ぶりを今に伝えている。

歴史に楼蘭の名が登場するのは、紀元前一七六年になってからのことである。東西貿易の拠点である楼蘭を手中にすれば莫大な利益を得ることができるため、漢と匈奴《きょうど》の間で争奪の対象となった。それが記録に残っている。

楼蘭は、国全体で人口二～三万人と推測される小国だったため、漢や周辺国の勢力下に入ることも多かったが、**三～四世紀に南方や西方のオアシス都市を併合して最盛期を迎えた。**この頃の統治者は北西インドのクシャーン朝の王で、市街地は一辺約三〇〇メートルの城壁で囲まれ、なかにはロプ・ノール湖から引いた水路が走っていた。

街の中心には高さ約一〇メートルの仏塔を中心にした城がそびえていた。

廃墟となって砂のなかに埋もれた

だが五世紀以降、楼蘭は衰退してゆく。これについては、さまざまな説が唱えられてきた。

この時代は中国の北魏《ほくぎ》や周辺諸民族の圧力を受けたうえ、王家で内紛が続いて政治が乱れていた。街の治安が乱れ、商取引が減少するようになると、食糧や水を補給していた隊商も別のルートを取るようになり、ますます街は廃れたのかもしれない。

また、砂漠のなかにある楼蘭では穀物の大量収穫は望めないので、貿易の中継地点

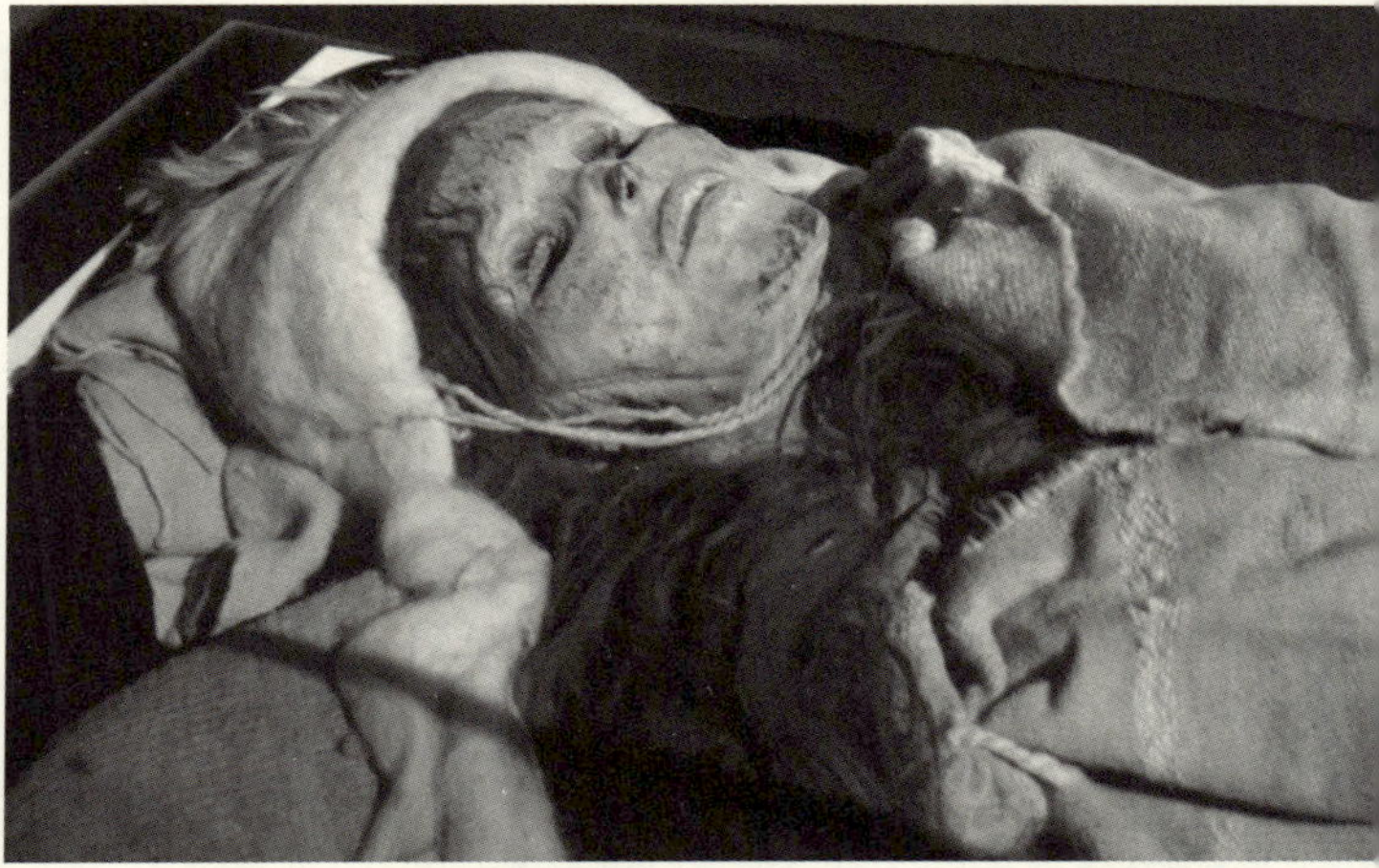

3800年前のミイラ「楼蘭の美女」。推定年齢は約40歳とされる（写真：ロイター／アフロ）

としての役割を失うと、食糧を買い求めることさえ難しくなり、住民たちはこの地を離れたのかもしれない。

ほかにも外敵の侵入によって滅びたという説もあるが、はっきりとはわかっていない。いずれにしても**七世紀以降の楼蘭は、廃墟となって砂のなかに埋もれ、その後、忘れ去られた**のだ。

湖探索の際に「偶然」発見

一九〇〇年になって楼蘭跡を発見したのは、スウェーデンの探検家ヘディンである。ヘディンは、中国の古文書に記載があるのに所在が不明な湖、ロプ・ノールを探していて、偶然にも大規模な遺跡を発見。ここが楼蘭であることを明らかにした。

そしてヘディンは、楼蘭の東側から南側にかけての低地が、かつてのロプ・ノール湖だったと確信する。

「水の枯渇」とともに衰退か？

あたりは標高差がわずかしかなく、湖の水源となっているタリム川が、川岸の侵食や川底の堆積物によって大きく流れを変えるため、ロプ・ノール湖は広大な砂漠のなかで姿を現わしたり、また消えてほかのところに現われたりと、位置や面積を大きく変える〝さまよえる湖〟だった。

街に貴重な水を供給していたロプ・ノール湖が干上がると、楼蘭もそれと運命をともにして勢いを失っていった可能性もある。

遺跡から、絹織物やフェルト、ヘレニズム風絵画などの豪華な品が出土し、文書からも多くの言語が飛び交っていたことがうかがえる。楼蘭の住民たちは、この豊かな都を出て、どこを目指したのだろうか。

その行方は、今も砂のなかに埋もれたままである。

歴史に翻弄された「イスラエル一〇部族」の行方とは？

「強制移住」が生んだ悲劇

紀元前一〇〇〇年頃、パレスチナの地にユダヤ人の国としてヘブライ王国ができた。ダビデ王、ソロモン王の時代に最盛期を迎えるが、紀元前一〇世紀後半に北の**イスラエル王国**と南のユダ王国に分かれてしまう。紀元前八世紀にイスラエル王国は滅び、紀元前五八六年にユダ王国は新バビロニアによって滅ぼされた。このとき、ユダ王国の貴族や軍人は、強制的にバビロンへ連行された（バビロン捕囚）。

じつは、占領した敵国が強制的に住民を自国へ連れ帰ったのはバビロン捕囚のときばかりではなかった。紀元前七二一年、アッシリアがイスラエル王国を攻撃したときも、**イスラエルの住民二万七二〇〇人が強制的に移住させられた。**このとき、イスラエル王国の民は、ルベン、ガド、アシェル、エフライム、マナセ、ダン、ナフタリ、イサカル、シメオン、ゼブルンの一〇部族があった。

ユダ王国のバビロン捕囚のように、大々的に伝わることがなかったため、彼らに関する記録はほとんどなく、『旧約聖書』には、「(一〇部族の一部が) 北シリアのハボル渓谷、シリア北東部のゴザン (テル・ハラフ)、ハラー (所在地不明) の近くに住んだ」としか記されていない。そのため、彼らの消息は謎であり、今日、彼らは**「消えた一〇部族」**として知られている。

「消えた一〇部族」のその後

消えた一〇部族は、その後、どうなったのだろうか。

ユダヤ教徒の間では、次のような逸話が伝えられている。

——消えた一〇部族は、アッシリアへの連行を逃れ、誰も知らない伝説のサムバーティオン川の向こう岸に隠れている。そして、聖書の預言の通り、メシアがこの世に現われたら、神が彼らをイスラエル王国の地に戻す——。

もう少し現実的な説もある。イスラエル王国が滅亡したとき、一〇部族の民たちは南のユダ王国へと逃げ込んだ。しかし、ユダ王国も安泰ではないと考えた彼らはユダ王国を出国し、各地に散らばっていった。その広がりはアフリカ大陸にとどまらず、

●消えた10部族の行方

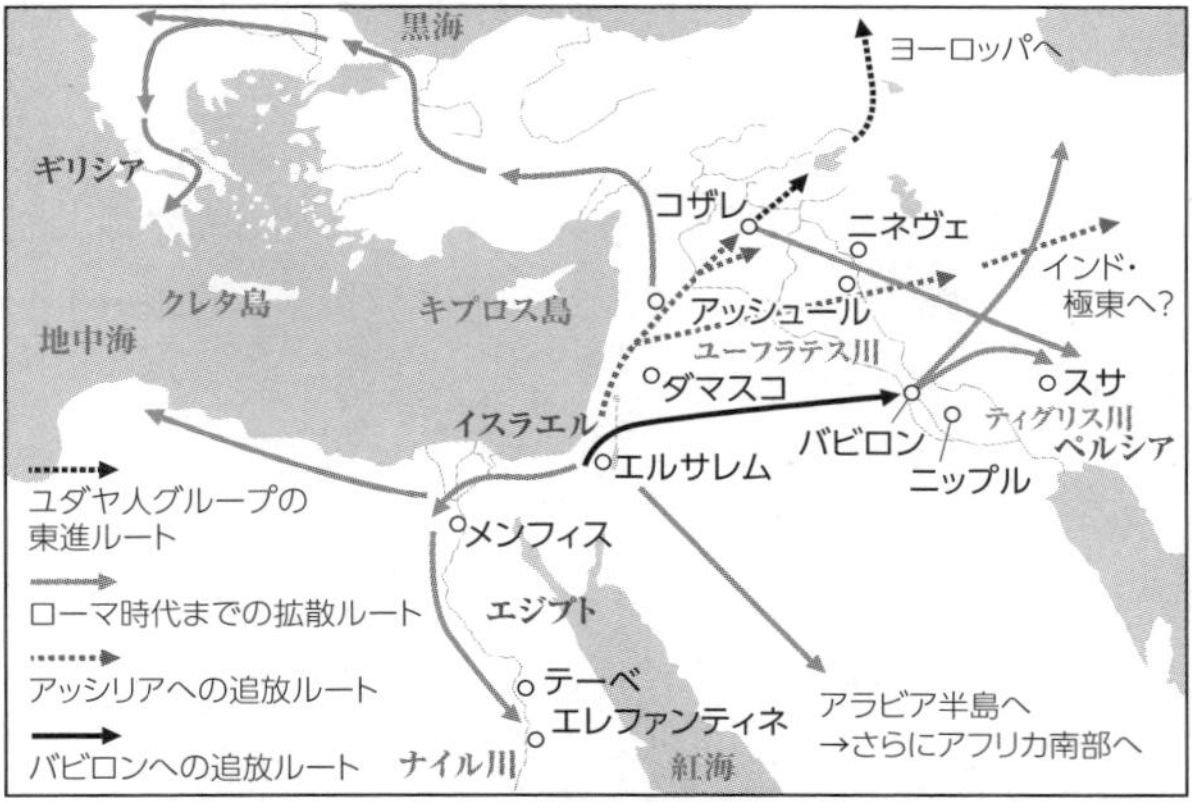

※出典:『古代世界70の不思議』ブライアン・M・フェイガン(東京書籍)

アジアや果てはアメリカ大陸にまで拡散したといわれる。この説にしたがうと、一〇部族の民は世界各地に拡散。その土地で土着化し、ほかの人種と同化したことになる。こうなると、一〇部族のその後を追うことは困難である。

「末裔」を名乗る民族

そんななか、**「消えた一〇部族の末裔《まつえい》」を現在も名乗っているのが、ジンバブエのレンバ族である。**レンバ族は今も、ユダヤ教の戒律に従った生活を営んでいる。

最近、このレンバ族の主張を裏付けるかもしれない発表がなされた。それは遺伝子的裏付けである。レンバ族の遺伝子とユダヤ人の遺伝子には、共通の傾向が見られたのだ。それは、Y染色体のDNAマーカー（標識）によるもの。特定のマーカーについて、ユダヤ人の成人とユダヤ人以外の成人とを比べてみると、ユダヤ人の成人の発現率が高い特徴がある。つまり、このマーカーが発現することは、ユダヤ人のルーツを持つといえるわけだ。

そこで、**レンバ族のマーカーを調べてみると、ユダヤ人の成人の発現率に近い値が得られた**という。しかもレンバ族の指導的部族に限れば、これよりも高い数値が示された。

「その後の行方」ははっきりしない

ユダヤ人以外のグループで、これだけの近似を示したのはレンバ族だけである。

むろん、レンバ族がユダヤ人の遺伝子特徴ときわめて似た傾向を有しているというだけで、「消えた一〇部族の末裔」の証拠になるわけではない。今のところ一〇部族との関係性を直接示すものは見つかっていないのだ。

聖書に記された一〇部族は、世界のどこにいるのか、世界各地にさまざまな伝承や民話が残るだけで、その行方は杳《よう》としてはっきりしない。

断崖絶壁につくられた不思議な集落「メサ・ヴェルデ」

台地→断崖に謎の移住

アメリカ・コロラド州の南西部に位置し世界遺産にも登録されている**メサ・ヴェルデ国立公園**は、アメリカ先住民のアナサジ族の集落遺跡である。メサ・ヴェルデとは、スペイン語で「緑の台地」という意味で、この遺跡は断崖をくり抜き、そこに日干しレンガを積み上げてつくったものだ。遺跡の様相は、とても「緑の～」という形容にはそぐわない。

この遺跡の**最大の謎は、アナサジ族が、なぜ断崖に住居をつくり、そして突如、その住居を捨ててしまったのか**である。

アナサジ族がこの辺りに住み始めたのは一世紀頃とされる。もともとは狩猟や採集で食糧を得ていたが、やがてトウモロコシやマメなどを栽培するようになり、それと同時に定住をし始めた。

その頃アナサジ族が住んでいたのは、遺跡のある断崖ではなく、台地である。農作物の栽培のしやすさという点から考えても、それは合理的であった。ところが**一二世紀頃になると、なぜか断崖へ移住している**のだ。

なぜ、わざわざ崖に住んだのか？

その理由については、さまざまな説が唱えられてきた。

住居は岩窟のなかにあるため夏は涼しく、またほとんどは南向きに設置されていることから、冬は暖かく過ごすための工夫だと考えられた。つまり、快適な住環境を求めて、断崖に暮らすようになったというのである。

もうひとつの説は、外敵の襲撃に備えたというもの。断崖は天然の要害となり、台地より奇襲されるリスクが減るというわけだ。

ただ、これらの説については疑問も呈されている。

農耕を営んでいた彼らにとって、台地から断崖へ移動することは、農地から離れて生活することになる。

そんな不便なことをわざわざするだろうかといった指摘がある。

また、外敵の襲撃を防ぐためという説についても、そもそも襲撃があったという裏付けは何も見つかっていない。

どちらの説も根拠に乏しく決め手に欠けていた。

そのほか、断崖の住居そのものが彼らの宇宙観を表現しているというユニークな説もあるが、ではなぜ、一二世紀頃までは台地で生活していたのかという疑問が浮かぶ。

「断崖の住居」も突然捨てた

さらに不思議なのが、一三世紀末のアナサジ族の行動である。この頃、彼らは、**一世紀以上住み続けていた断崖の住居をそのまま放棄している。**しかも農地までも手放し、どこかへと移動したのか、その後の行方はわかっていないのだ。

メサ・ヴェルデの集落の数は六〇〇以上。最大の集落は「クリフ・パレス」と呼ばれるもので、二二〇室もある。こうしたことから、アナサジ族はかなりの大人数だったことがわかる。アメリカ先住民族のなかでは最大の部族だったともいわれている。それほどの大所帯が、突如、消えてしまったのだから、そこには大きな理由があっても不思議ではない。

干ばつが起きていたのは確かだが……

この疑問についてもさまざまな説が出ている。たとえば、大干ばつで凶作となり、この地で生活ができなくなったため、豊かな土地を求めて移動したという説。たしかに、一三世紀初頭にこの地域で干ばつが発生したことは事実らしい。

だからといって、すべてを放棄するだろうか。一時的に移動してやり過ごし、元の地に戻ってくることも可能だったはずである。

また、ほかの民族との抗争が激化したため、この地を去ったともされるが、そうした戦いの跡を示すものは見つかっていない。

結局、農耕民族となったはずのアナサジ族が、なぜ不便な断崖を住居とし、その後、突如、この地から消えてしまったのかという疑問への明確な答えは見つかっていないのである。

3章

とうとう明らかになった「伝説の文明」

ついに発見！　中国最古の王朝「夏」

中国の国家プロジェクト「夏商周断代工程」

これまでの中国の古代史では、紀元前一六〇〇年頃に、最古の王朝・殷《いん》が成立したとされてきた。しかし、司馬遷《しばせん》の『史記』には、殷王朝より以前に**夏王朝**《か》があったと記されている。夏を興したのは禹《う》という人物で、禹は非常に優れた君主であり、夏はかなり繁栄したという。その後、夏は一四世一七代続き、桀《けつ》王の時代に滅亡したとされる。

これほど詳しく記されているにもかかわらず、夏は伝説の国だろうと考えられていたのは、禹王の出自に原因がある。禹王は、夏が興る前の伝説の五帝の一人、黄帝《こうてい》の八世の子孫とされているからだ。そのため、夏王は伝説の人物にすぎないのではないかとの疑いを持たれてきたのである。

しかしながら、一部の研究者の間では**夏王朝は実在したのではないか**との見方も根強かった。また、殷王朝に関しても、何年に滅んだのかなど、あまり詳しいことはわかっていなかった。そこで、夏・殷・周の時代のことを詳しく検証するために発足したのが中国の国家プロジェクト「夏商周断代工程《かしょうしゅうだんだいこうてい》」で、一九九六年から二〇〇〇年までの五年間実施された。

このプロジェクトには具体的な目的がいくつかあったが、そのなかのひとつに夏王朝の基本的な年代の枠組みを検証するというものが含まれていた。その検証には、考古学的史料はもとより、青銅器に刻まれた金文《きんぶん》の解析、当時の天体現象など、さまざまな科学的検証がなされた。

河南省の「二里頭遺跡」

国家プロジェクトの検証によって、**河南《かなん》省偃師《えんし》市の二里頭《にりとう》遺跡で約一〇〇メートル四方の版築基壇を持つ宮殿址が見つかった。**さらに、高価で価値のあるものとされた貴重な青銅器や玉器が多数見つかったことから、この地が夏の都である可能性が高まった。二里頭一号宮殿の面積は約一平方キロメートルの広さで、大殿の前には広い庭があり、周囲は回廊になっていた。また、南側には三つの大きな門があった。宮殿のつくり自体、すでに後世の宮殿様式を備えており、その技術の高さがうかがえた。
この一号宮殿址は、二里頭三期の時代につくられたものだが、なぜか二里頭四期には破壊されていることがわかった。なぜ、王朝のシンボルである宮殿を破壊する必要があったのだろうか。

このことについて、次のような仮説がある。注目されたのは、二里頭遺跡からわずか六キロという近さにある偃師商城遺跡である。偃師商城遺跡からは、下層に小城、上層に大城が見つかっている。小城は南北一一〇〇メートル、東西七四〇メートルの規模である。この小城は、二里頭遺跡の宮殿が破壊された二里頭四期の時代と一致していた。その後、小城の城壁を利用して、その上に大規模な大城が築かれていたのだ。その城郭の広さは小城の二倍あまりにも拡張されていた。

このことから、**二里頭遺跡の宮殿を破壊したのは、殷王朝の湯王《とうおう》だと推測できる**という。つまり、湯王は、夏王朝の都である二里頭を陥落させようとした。しかしながら夏は強敵のため策を練った。

まず夏の都のすぐ近くに軍事拠点をつくった。それが偃師商城遺跡の小城である。

湯王は二里頭の宮殿をそのまま占拠することはできず、ことごとく破壊して、自らの

夏王朝の系譜

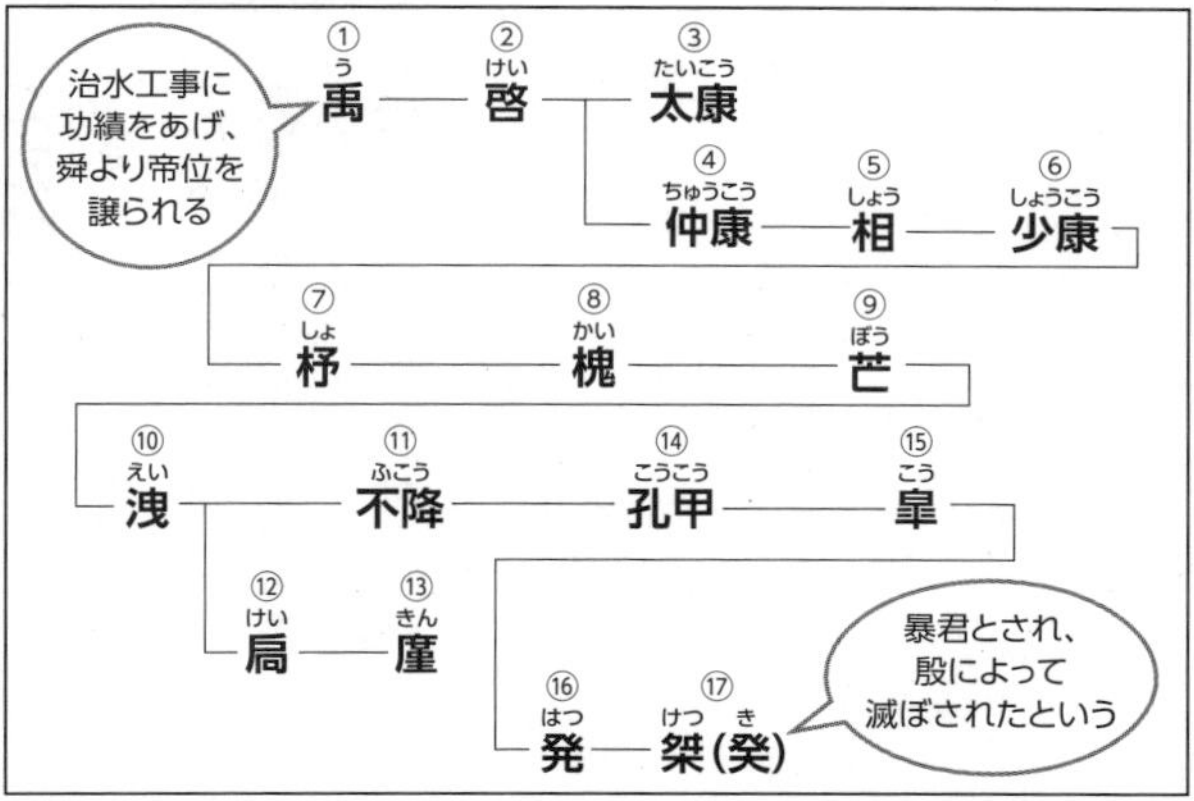

勝利を民に知らしめたのである。

　勝利後、湯王は夏の民たちを統治する拠点として、改めて偃師城遺跡の大城をつくった。大城を軍事拠点だった小城の倍の規模にしたのは、自らの威信を示すためだったのかもしれない。こうして、夏王朝は二里頭四期の時代に、殷の湯王によって滅びたという。この仮説に従えば、**夏王朝の年代は紀元前二〇七〇年から紀元前一六〇〇年と推定される。**

「二つの王朝」が同時に存在

　夏王朝や殷の滅亡時期などがなかなか特定できないのは、仮説が示すように、夏王朝を滅ぼしたことで殷王朝が興ったのではなく、**夏王朝と殷王朝の二つが同時期に存在していた**からだ。この流れは、殷王朝が滅びるときも同じで、殷王朝滅亡前に周王朝が興っていたのである。まるで戦国時代のように、各国の隆盛は絶えず変化し、一時は覇を唱えていた強国も、やがては力を失い、新興国によって滅ぼされたというわけだ。

滅ぼされたことで「伝説」になった

当時の殷も、それまで文明が未発達とされていた東部の海岸地方から興った新興国だった。馬車を武器として使うことで勢力を拡大し、黄河中下流域の中原《ちゅうげん》へと進出し、夏を滅ぼしたのである。

また、夏の都は湯王によって破壊されてしまったため、夏王朝の存在がなかなか確かめられなかったことも、夏王朝の存在が疑問視された一因だったかもしれない。今後の発見によって、さらに詳しい夏王朝の実態が明かされるはずである。

トロイア戦争は本当にあったのか？

「伝承」が「現実」に変わった、トロイア遺跡の発見

トロイア国の王子パリスが、ギリシアのスパルタ王の妃ヘレネをトロイアに連れ帰ってしまったことから、長きにわたる**トロイア戦争**が始まった。ギリシアの英雄たちがヘレネ奪還のためにトロイアを攻撃した。ギリシア軍はトロイアを包囲し攻め続けたが、堅い城壁に囲まれたトロイアは、なかなか陥落しなかった。

一〇年に及ぶ戦いに終止符を打ったのは「トロイアの木馬」である。ギリシア軍はなかに兵士を忍ばせた巨大な木馬をつくり、和平の証だといってトロイアの城門の前に置いた。トロイア軍が木馬を城内に運び入れた夜、木馬に潜んでいた兵士たちが出てきて城門を内側から開き、味方のギリシア軍を引き入れた。

こうしてヘレネを助け出すとともに、トロイアの街を焼き払い、繁栄を誇っていたトロイアは滅びた。

これが語り継がれてきたトロイア戦争の概略である。長い間、ただの伝承にすぎないと思われていた。

これを真っ向から否定した一人の男がいた。考古学者のハインリヒ・シュリーマンである。彼は、創作された話ではなく、実際に起きた戦争だと信じて疑わなかった。

それを証明するために、トルコ共和国のダーダネルス海峡近くのヒッサリクの丘に見当を付け、三年間にわたる発掘作業を続けた。そして一八七三年、**すでに発掘されていた古代ローマのイリオン遺跡の下から、トロイアの街とおぼしき跡を発見した。**そこから「プリアモスの宝」と呼ばれる装飾品や杯、矢じりなどが出土した。伝承ではなく事実だったことを証明した瞬間だった。

シュリーマンが犯した決定的な間違い

ところが研究が進むと、シュリーマンがトロイア戦争時の街の遺跡だと信じていた部分は、トロイア戦争よりもはるか前の紀元前二五〇〇年~紀元前二二五〇年頃のものであることがわかった。

じつは、この遺跡は古い街の上に新しい街をつくっており、遺跡自体は九層になっ

『トロイアの木馬の行進』(ジョヴァンニ・ドメニコ・ティエポロ)

ていた。今日では最下層を第一市、最上層を第九市と呼んでいるが、シュリーマンがトロイア戦争の頃の街と断定したのは第二市の部分だった。

しかも運が悪いことに、第二市の層がトロイア戦争の頃のものと信じて疑わなかったシュリーマンは、その遺跡を発掘するために、第二市より上の層の遺跡を破壊してしまうという過ちを犯していた。トロイア戦争の頃のトロイアの街の手がかりを壊していたことになる。

叙事詩『イリアス』がヒント

トロイア戦争の頃の層について、少ない手がかりを頼りに研究者たちの論争は続いた。**候補は第七市、もしくは第六市である。年代が合致するほか、火災の痕跡や石垣が大きく崩れているなど、都市が打撃を被っている跡が見られたからだ。**

一時期、第六市の打撃は地震によるものだと推定され、第七市が有力とされた。しかしながら、現在では第六市も有力な候補のひとつである。

理由は、ホメロスの叙事詩『イリアス』に出てくるトロイアの街の描写に酷似しているからだ。それによると、トロイアは頑丈な外壁に囲まれていたが、西側の壁はほかの外壁よりも粗末なものだったという。その記述通り、第六市の外壁は厚さ四メートル以上、高さ九メートル以上の頑丈なものだった。しかしながら、西側の壁だけは、この規模に届いていなかった。

また、『イリアス』によると、トロイアの街の中央の門には大きな塔があったとされているが、第六市の入口にはたしかに大きな塔の跡が見られた。

もっとも、ホメロスの叙事詩すべてをそのまま信用していいとは限らない。たとえば、ホメロスによると、トロイア戦争は紀元前七五〇年頃とされているが、研究では、紀元前一三四六年から紀元前一一二七年の間（もっとも有力なのは紀元前一一八四年説）とされている。

●トロイアの街の層

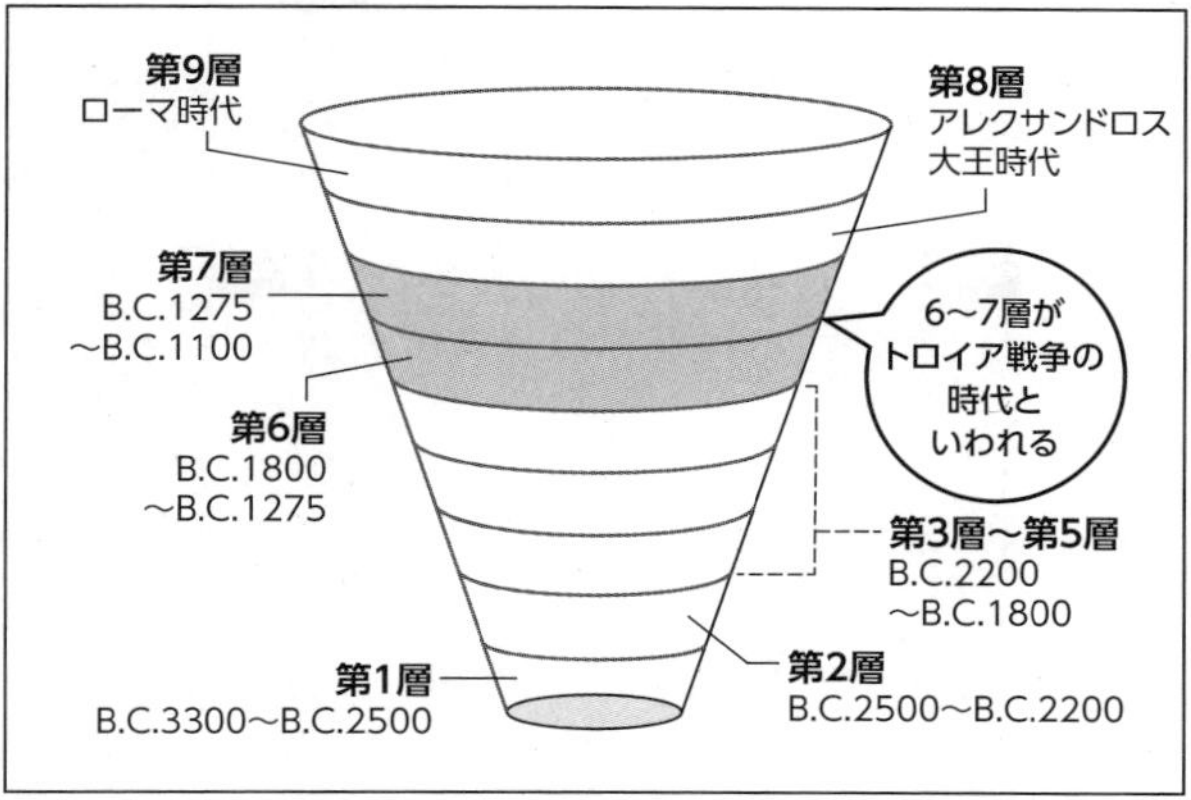

また、叙事詩では、民が鉄製の農具を使う描写が出てくるが、この時代は青銅器の時代であり、まだ鉄器は使われていなかったはずである。

「戦争」については不明点ばかり

たしかにホメロスの叙事詩にヒントを得て、シュリーマンがトロイア遺跡を発見したことは事実であり、貴重な資料といえることは間違いない。

結局、現段階ではっきりいえることは、**トロイアの街はたしかに存在していた**ということだけである。トロイア戦争に関しては、実際に起こったと証明されるまでには至っていない。

アステカの人々が生贄を捧げ続けた理由

侵略者コルテスも恐怖した「戦慄の儀式」

原始的社会において、人間を生贄として神に捧げる風習があるのは珍しくない。だが**アステカ帝国では、一六世紀になっても生贄の儀式が行なわれており、しかも一度に数千人もの生贄が捧げられることもあった**という。

一五一九年、アステカ帝国の首都テノチティトランに入ったスペイン人のコルテスは、そこで行なわれていた生贄の儀式を見て戦慄した。神殿の床にも壁にも、その日殺された無数の生贄の血がこびりついており、生贄の心臓を焼く者、人肉を調理して食べる者など、おぞましい光景が繰り広げられていたのだ。

自ら侵略者として殺戮を重ねてきたコルテスさえも、アステカ帝国の生贄の儀式は悪夢としか思えなかった。その後、アステカ帝国でキリスト教の布教を行なった修道士のサアグンらは、生贄儀式について詳しく調査し、記録を残している。

儀式で取り出された心臓を置くために使われたチャック・モール像

生贄にされるのは捕虜や奴隷が多く、捕虜を獲得するために、平和な関係にある周囲の国と戦争をすることもあり、その戦いは〝花の戦争〟と呼ばれていた。このとき相手を殺してしまっては生贄にならないので、石や棍棒で殴りつけるにとどめていた。

また**自国民であるアステカ人でさえ、男性、女性、子どもを問わず生贄にすることもあった。**

生贄の儀式にはそれぞれ意味があり、暦に従って毎月行なわれたほか、日食や雨季の始まり、雨乞い、神殿の改築、戦勝祈願、王の戴冠など、催事ごとに行なわれた。生贄を処刑する方法もさまざまだったが、よくとられた方法は五人がかりで手足を押さえつけ、ナイフで心臓を取り出すやり方で、その心臓は神に捧げられた。体は皆で切り刻んで食べたが、食欲を満たすためではなく、これも儀式のうちだった。王や神官は死体から剝いだばかりの皮を身にまとうと、神に祈りを捧げたという。

これほどまでに**残虐な儀式を行ない続けた理由は、宇宙の摂理を保つために、犠牲（生贄）が必要だという宗教観があったからだ**。人が生きていくためには、もっとも大切な命、その象徴である心臓を神に捧げる必要があった。太陽や月が昇っては沈み、農作物や動物も死と再生を繰り返すが、この自然の運行と社会の安定は、生贄によって保たれると考えていたのである。生贄の数の多さは、帝国の強大さの証となり、生贄になるのは名誉なことと考え、自ら犠牲になるアステカ人もいたという。

だが、この習慣はやがてアステカ帝国を追い込むことになる。アステカ人と戦ったコルテスは、相手の圧倒的な数に押されていったんは退却したものの、周囲の反アステカ部族を味方につけて、一五二一年に都陥落に成功した。**近隣の部族は、長い間アステカに臣従して生贄を差し出さねばならなかったため、圧政から逃れる機会をうかがっていた**のである。

国の繁栄のために行なってきた生贄の習慣が、かえって仇になったわけだ。

古代オリンピックのシンボル「巨大ゼウス神像」の謎

神々すらも統べる全能の神ゼウス

古代ギリシアの神々のなかで、頂点に君臨する主神がゼウスである。ゼウスは天空と地上のすべてを支配し、秩序を守護する全能の神であり、その怒りに触れた者は雷で打たれると畏《おそ》れられた。

女神ヘラを妻としながら、ほかの女神や人間の女性とも交わって、アポロンやアテナといった神々、ヘラクレスやペルセウスといった英雄を生み出した。古代ギリシアの王侯や豪族は、自分たちはそれら英雄の子孫で、すなわちゼウスの末裔だと自負していた。

ゼウスはギリシア各地で祀られたが、とりわけ大きな神殿があったのが、都市国家エリスのなかにあるオリンピアの地である。ここはいうまでもなくオリンピック発祥の地であるが、古代オリンピックは単なる競技会ではなく、人間の力を神々に披露し、捧げるための神聖な祭礼だった。

神殿の奥に安置される「ゼウス神像」

神域には多くの建造物が築かれ、その中心部にそびえ立っていたゼウス神殿は、縦二七メートル、横六四メートル、高さは二〇メートルに及び、装飾を施した列柱を前後各六本、左右に一三本配した壮麗なものだった。

そして、この奥に安置されたのが、**紀元前四三五年に制作された、高さ一二メートルのゼウス神像**である。

ゼウスは玉座に腰を降ろした姿で、頭には黄金のオリーブの冠を戴き、右手の掌に勝利の女神ニケの像を載せ、左手には錫杖《しやくじよう》を持っている。

胴体は木製だが、肌の部分は象牙で、足は黄金のサンダルを履いている。衣には獣と百合のデザインがあしらわれ、台座とともに黄金、象牙、黒檀、宝石、水晶などで飾られていた。神官たちが、ひび割れを防ぐため絶えずオリーブ油を塗って表面を保護していたという。

「これが人の手でつくられたとは信じられない」

ゼウスの神々しさを際立たせるための工夫もなされていた。神殿にはあえて採光窓を設けず、松明も置かず、入口からのわずかな光が差し込むのみ。像の前には池を設けてオリーブ油と水を混ぜたもので満たし、その周囲や底には黒大理石を敷き詰めた。

そこに差し込むかすかな光が池の表面に反射すると、薄暗がりのなかにゼウスの姿が浮かび上がり、誰もがその威容に圧倒される演出を施していた。

オリンピアのゼウス神像の想像図

古代世界の七不思議を選んだ歴史家フィロンは、ギザの大ピラミッドやバビロンの空中庭園などとともに、この像を七不思議のひとつに挙げている。

ゼウス像はよほど驚嘆すべき存在だったのか、「ほかの六つには目を見張るだけだが、この像の前では、畏怖に打たれてひざまずくだろう。これが人の手でつくられたとは信じられない」と記している。

現代にはまったく残っていない

ところが、現代ではこの神像はかけらさえ残っていない。それどころか、いつどのようにして失われたかもわかっておらず、その姿は、文書の記録と後世の想像による復元図に頼って思い描くしかない。

ギリシアがローマの勢力下にあった紀元前二世紀頃、オリンピアを訪れたローマの将軍マケドニウスがこの像を見て畏怖の念に打たれたというから、この時代にはまだオリンピアにあったことになる。だがその後、神像に関する記録は出てこない。

神像がどうなったかについては、古来三つの説が有力とされてきた。

第一が、三九二年にキリスト教を国教としたローマ皇帝テオドシウス一世が、それ以外の宗教を禁止したため、**異教の偶像だとして破壊されたという説**である。この時代は古代オリンピックが幕を閉じ、ギリシアの神々の神殿も破壊されるなど禁圧が強くなっていたため、ゼウス神像も難を逃れることはできなかった可能性がある。

第二が、**三九四年に当時隆盛を誇ったビザンツ帝国の都のコンスタンティノープル（現在のイスタンブール）に移されたものの、四七五年にコンスタンティノープルを襲った大火によって焼失した**という説である。

そして第三が、そのままオリンピアにあったが、五世紀の地震によって損壊したという説だ。

像のかけらでも発見されれば……

だが、これらはいずれも仮説の域を出ていない。

また、オリンピアでは六世紀にも地震や天災が相次ぎ、近くを流れるグラデオス川の氾濫によって神域全体が泥に埋もれている。一九世紀になってから発掘調査が始まり、ゼウス神殿の跡地らしきものは発見されたものの、神像は出土しなかった。

どこかに移されたのか、あるいは損壊してばらばらになり、装飾ごとどこかに持ち去られてしまったのか。人々の崇敬を集めたゼウス像の一片でも発見されたなら、真の姿に一歩近づけるはずなのだが……。

記録から突然消えた「神の国プント」とは？

古代エジプト王朝と交易していた謎の国

その昔、古代エジプト人が「神の国」と呼んでいた**プントという国**があった。古代エジプト王朝と盛んに交易し、第一八王朝のハトシェプスト女王の治世にその存在を大きく知らしめた国である。

プントとの交易を描いた壁画や碑文が、ハトシェプスト葬祭殿に残っている。プントがもたらした交易品は香木、樹脂、黄金、黒檀、象牙、シナモンやケシトの木、珍しい野生動物などだ。いずれもエジプトにとっては珍品で貴重なもので、とくに没薬《もつやく》や乳香《にゅうこう》などの樹脂はエジプトでの宗教儀礼で大量に消費されるものだった。

一方、エジプト側からは青銅製品や装身具が贈られたほか、荷物の交換の際にはパンやビール、肉、果物などでプント人を歓迎したといわれる。**両者はよい交易関係だった**ことがうかがえる。

プントに向かうエジプト人が描かれたレリーフ

ところが、プントはどこに存在したのかとなると、じつははっきりしない。エジプトの壁画では、プントの使節団は紅海を進んでいたように描かれていることから、ソマリア、ジブチ、エリトリア、スーダンあたりだと考えられている。たしかにソマリアにはプントにちなんで命名された自治政府、プントランドが存在しているが、そこにあったという確証はない。

「海沿いの国」だった？

現在のところ、エジプトの南方方面ということぐらいしかわかっていないのだが、研究者はさまざまなアプローチでプントの比定に挑んできた。

壁画に描かれたプントの交易ルートもひとつの方法である。

エジプトからプントまで海路を使った場合、紅海沿いを船で南へ下ったと考えるのが自然だろう。ルートを紅海と特定できるのは、壁画に描かれている魚が川魚ではなく海洋種だからだ。となると、**エリトリア、ジブチ、ソマリアあたりが有力**になる。

ただ、壁画から船を使ったのは確かだろうが、だからといって船だけで目的地まで行ったとは限らない。船と陸路の両方を使ったとすれば、プントが紅海沿いである必要はなく、その近辺のエリアも外せない。

「鳥の絵」から地域を特定

壁画に記された交易品からプントを比定しようとする研究者もいる。

一八五八年に壁画に描かれた鳥の絵が発見されているのだが、保存状態が悪く謎の鳥とされていた。鳥の種類がわかれば、その生息地からプントの位置を比定できるはずだった。

この謎の鳥は長年多くの科学者たちを悩ませてきた。

ところが二〇一八年、ワルシャワ大学のフィリップ・タテルカのある発見から、謎

●プント王国の推定場所

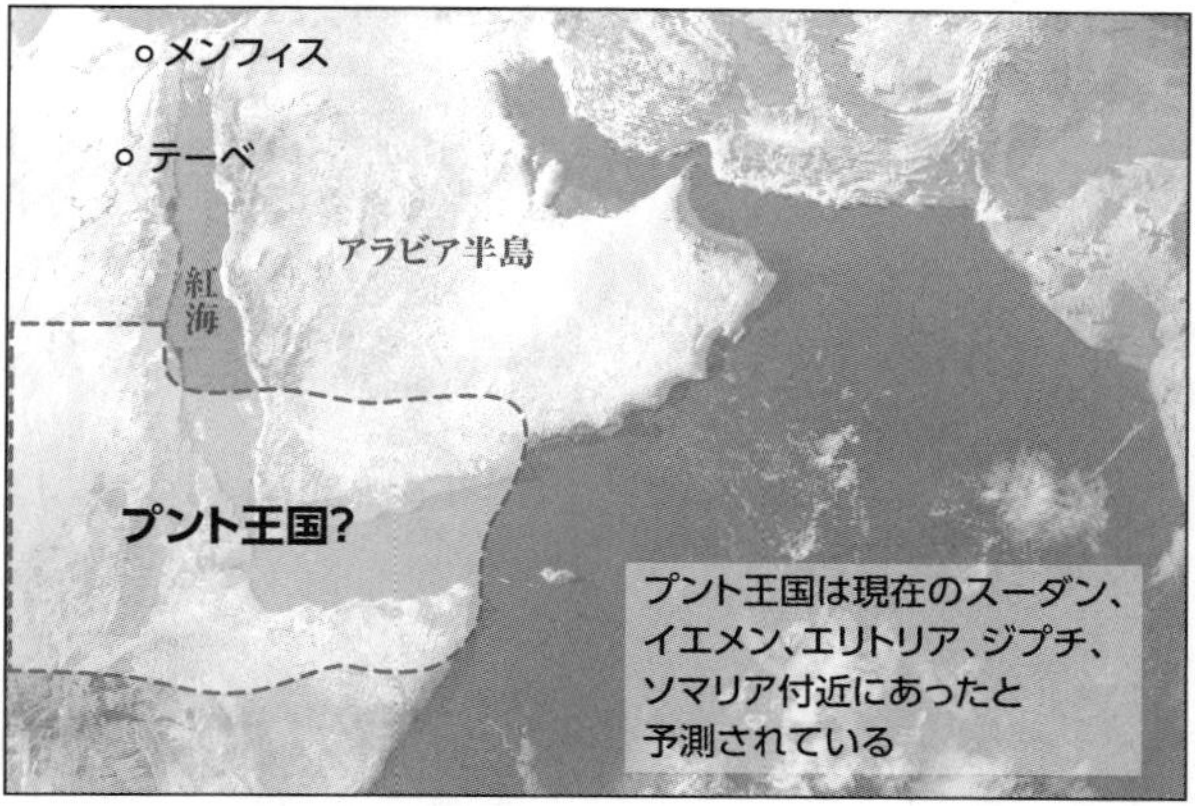

の鳥が明らかになりつつある。彼は壁画を調査した際、別の場所に同じ鳥が描かれていることを見つけたのだ。

こちらの鳥は鮮明に描かれ、長い脚、鋭いくちばし、はっきりとした羽を持っていた。調査の結果、謎の鳥はアフリカ大陸のサハラ砂漠以南に生息しているヘビクイワシであることを突き止めた。タテルカはこの結果を受けて**「プントの地はスーダン南部または近隣の沿岸地域ではないか」**と主張している。

古代エジプト人にとっても「謎の国」

このように今なおその所在について議論されているプントは、当時のエジプト人にとっても未知の国であったようだ。

まだ交易を始める前の中王国時代に伝説として、難破した船乗りがプントの国王に出会う話があるのが、その王は蛇だったと語り継がれている。

新王国時代のハトシェプスト女王時代に交易は盛んになるものの、プントの正確な位置などは残されず、やがて**紀元前一〇七〇年頃の新王国時代の終わりとともに、プントの名はエジプトの記録から消えてしまっている。**

紀元前六〇〇年頃の第二六王朝の石碑の破片にプントの名を見ることができるが、それは交易国としてではなく、地理に関するものだ。それによると、プントは山岳地帯にあり、プントに大雨が降ると、ナイル川が氾濫することがあるといったことしか書かれていない。

果たして、この山岳地帯にあるというプントとハトシェプスト女王が交易したのは同じ国なのか。

古代エジプトの記録に残る謎の国プントとは、どこにあり、どんな国だったのか。その実態を知るにはもう少し時間がかかりそうだ。

湖の底から見つかった黄金の国エル・ドラドの痕跡

スペイン人が追い求めた「金箔で覆われた男」の伝説

「南米コロンビアのジャングルの奥深くに、**黄金の都エル・ドラドがある**」という伝説がある。そこはチブチャ族の集落で、人々は黄金の装身具を身にまとい、町には膨大な金銀財宝が満ちあふれているらしい。

この村では、首長の即位行事に首長が金粉を全身に塗って湖に飛び込み、同時に金やエメラルドなど財宝を湖に投げ込むという。即位儀式は毎年行なわれるので、**湖には莫大な財宝が沈んでいるはず**だというわけである。

「エル・ドラド」とはスペイン語で「金箔で覆われた男」という意味で、もともとは人物を指す言葉だったが、それがやがて「黄金のある場所」「黄金の国」を表わす言葉となった。

この黄金伝説が生まれたのは、一六世紀のこと。一四九二年にコロンブスが大西洋を横断した後、スペイン人は新大陸征服を開始したのだが、その大きな目的は金だったという。

実際、メキシコのアステカ帝国やペルーのインカ帝国は、金を求める侵略者によって征服された。そんななか、**南米に眠るとされる「黄金の国」を耳にしたスペイン人は、黄金探しを開始した**のである。

単なる「伝説」だったのか……

一五三五年には、ゴンサーロ・ヒメネス・デ・ケサーダが、約一〇〇〇人の部隊を率いてチブチャ族を征服し、多くのインディオを殺したとされる。しかし、遠征隊のほうも苛酷な自然現象と食糧不足で犠牲者が増え、黄金探しは中断。それでもゴンサーロは諦めず、約三〇年後に再び大遠征隊を率いてエル・ドラドを探したが、結局、見つけられずじまいだった。

この「エル・ドラド伝説」がまったくのつくり話というわけではない。

かつてチブチャ族が儀式を行なっていたとされるグアタビータ湖に目星を付けて、湖底をごっそりさらう試みも何度か行なわれた。

湖のなかで財宝が発見！

なかでも最大規模だったのが一五八〇年代ボゴタの商人アントニオ・デ・セプルヴェーダという人物が、八〇〇〇人もの現地人を雇って湖の縁に巨大なV字の谷を切り込んで湖水を抜いたものだ。

このときは、**金の胸当てや杖、エメラルドなどが見つかったことで、エル・ドラド発見の期待が高まった。**

だが、湖面が二〇メートルほど下がったところで崖崩れが起こり、計画は中断されている。少なからず財宝が見つかったとはいえ、黄金の都というには程遠い結果に終わっている。

今日までエル・ドラドが実在するという証拠は発見されていない。エル・ドラドが本当に存在するとすれば、まだ湖底に財宝が眠っているはずだ。

紀元前二〇〇〇年、長江流域で開花した「謎の仮面文明」

長江で見つかった謎の遺跡

中国古代文明は、黄河流域に存在した殷王朝が最古のものとされてきた。まず黄河流域で生まれ、そこから周辺地域、中国全土へと広がったと考えられてきたのである。中国の二大河川は黄河と長江《ちょうこう》だが、黄河は文明を生み出し、長江は文明はおろか、未開の地とされてきた。

ところが、この定説は覆されつつある。**長江の上流域にある四川《しせん》盆地で殷《いん》王朝と同じ頃に栄えていたと思われる遺跡が見つかった**のだ。

場所は四川省の州都・成都市から西へ四〇キロメートルほどの田園地帯。一九二九年、この地で用水路の修理をしていた農民が、大量の土器と玉器が入った穴を発見した。このときはまだ、これが高度な文明を持つ古代都市の発見になるとは気づかなかった。

「宝物」が次々と出土

一九八四年頃から本格的な発掘調査が行なわれ、玉器や青銅器など大量の宝物が納められた穴が発見された。この穴は一号坑と呼ばれ、その後、一号坑から三〇メートルほど離れた場所から、もうひとつの穴（二号坑）が見つかり、象牙や青銅の立人像などが出てきたのである。

一号坑と二号坑を詳細に調査したところ、なんと**一トン以上の青銅器類、三〇〇点以上の玉器、八〇本以上の象牙、さらには金器が出土した**のである。この発見に研究者は色めき立った。長江流域に未知の文明があったのではないか——。

その後の調査によって、東西一六〇〇〜二一〇〇メートル、南北二〇〇〇メートルもの城郭があったことがわかり、周辺の遺跡まで含めると一〇平方キロメートルにも及んでいた。住居跡や墓などの遺構も見つかっており、ここでは集落群が形成されていたようだ。

この遺跡群は**三星堆**《さんせいたい》と名付けられている。

人々は地面に溝を掘って木の骨組みを埋め、粘土を塗りつけた住居に住んでいたことも判明。また、石斧を中心とした石器を用いた稲作がすでに始まっており、用水路など灌漑《かんがい》事業も行なわれていた。玉器や青銅器の出土は、宗教観を持った祭礼が執り行なわれていたと考えられる。

これほど進んだ技術と文化を持った古代都市が、発見されずにいたことが不思議だった。これはもうひとつの中国文明かもしれない。

独自に発展した文明だった?

三星堆の都市は、紀元前二〇〇〇年~紀元前九〇〇年頃まで一〇〇〇年にわたって繁栄していたと考えられている。

この時期の後半が殷王朝と重なることや、青銅器が殷や周のものと共通することなどから、殷の鋳造技術が入ってきたとする説がある。三星堆は、あくまで殷から波及して広がったという。

しかし、四川盆地は周囲を山々に囲まれている隔絶された地理環境であり、殷とは距離があることから、ここで発生し、独自に発達したと考えるほうが自然だという指摘もある。つまり**長江周辺で、独自の文明が誕生していた**というのだ。

たしかに出土品には、三星堆ならではの遺物も多い。たとえば奇妙な仮面（「縦目《たてめ》仮面」と呼ばれる目が飛び出している顔が特徴）は、殷や周の時代とまったく異なるものである。

「古代中国の歴史」が書き換わるか

また、出土した金面人頭像の髪型が、ひとつずつ違うため、さまざまな民族が入り乱れた国際国家だったのではないかという推測もある。西アジアあるいは地中海からの影響があったという説も浮上している。

果たして三星堆遺跡は、もうひとつの文明だったのか。

文字が見つかっていないことからなかなか調査が進んでいない現実があるものの、謎が明らかになれば、古代中国の歴史は書き換わる可能性がある。

青銅戴冠縦目仮面（写真：東勝基／アフロ）

ミノタウロスが潜む迷宮「クノッソスのラビリンス」を発見！

牛頭人の怪物ミノタウロス

紀元前二五〇〇年頃～紀元前一四〇〇年頃にわたって、クレタ島で花開いたのが**ミノア文明**である。エーゲ海を中心に中近東など幅広く交易を展開し、古代ギリシア文明の礎になった。クレタ島は、ギリシア神話に登場する舞台のひとつでもある。

ギリシア神話によると、クレタ島のミノス王は神への捧げものを横取りして神ポセイドンの怒りを買ってしまう。そのため呪いをかけられた王妃が、頭が牛で、体は人の姿をした怪物、ミノタウロスを産み落とす。

これを恥じた王は、一度入ると二度と出られない地下の迷宮（ラビリンス）をつくり、ミノタウロスを閉じ込めたのである。ミノタウロスは生贄として送り込まれてくる子どもを食べて暮らしていた。あるとき、アテネの王子テーセウスが自ら迷宮に入り、ミノタウロスを退治し、無事に迷宮を脱出したという。

牛跳びの競技が描かれたクノッソス宮殿の壁画

空想のはずだった「宮殿」

はるか昔の空想物語のようにも思えるが、じつはこの物語、ある程度歴史的事実を背景にしているかもしれない。二〇世紀のある発見により、この物語をなぞるかのような事実が浮かび上がった。

そのきっかけとなったのが、一九〇〇年に**イギリスの考古学者アーサー・エバンズが、ミノア文明のクノッソス宮殿を発見したこと**だ。

この宮殿は、玉座の間（王の部屋）、祭祀の間など長方形の中庭を持つ中心部を、数百もの部屋や曲がりくねった廊下が取り囲んだ複雑なつくりが特徴だった。

これは、まさしくミノタウロスが閉じ込められたという神話の地下迷宮（ラビリンス）を彷彿とさせた。宮殿の装飾には牛のモチーフが多く使われている点も、ミノタウロスを想起させたのである。

それだけではない。さらに牛の怪物や生贄というキーワードを連想させるような事実が発見されている。宮殿で見つかった壁画には、若者と牛が戦う様子が描かれていた。これは少年が猛牛の背中を飛び越える技を競う「牛跳び」と呼ばれる競技である。壁画はこの競技が当時この宮殿で行なわれたことを示唆していた。この競技で命を落とす少年もいたという。**牛跳びの競技で亡くなった少年は、神話での生贄にされた子どもの姿と重なる。**

王の住まいか、それとも死者のためか？

さらに一九七九年、宮殿の地下室の一角から多くの子どもの骨が見つかったことで新たな説も浮上した。彼らの骨には鋭い刃物で切り取られたような痕跡が残されていたのである。これは**生贄の儀式として子どもが殺されていたことを示唆している**と考えられた。これこそミノタウロスの生贄神話そのままである。

相次ぐ新発見と神話との酷似は、このクノッソス宮殿こそミノス王の宮殿であり、こうした背景をもとに神話がつくられたのではないか――。

そんな考えが浮かび上がってくる。もはや疑いの余地がないように思われるが、これには反論もある。ドイツの地質学者ウンダーリヒが、そもそも**発見された宮殿は王宮ではない**と主張したのだ。

理由として、建物部分の柔らかい石膏《せっこう》がすり減っておらず人が住んでいなかったと考えられること、玉座の間であるにもかかわらず、光も風も入らない半地下にあるのは不自然なこと、廊下や浴室には排水口がなく実用的ではないことを挙げている。そこから、人が住まう宮殿ではなく、死者のための宮殿ではないかと指摘したのだ。

この説は議論を呼んだが、近年では王が常時居住する宮殿ではなく、儀式や祭祀に使う神殿だったのではないかといわれている。**牛を使った生贄のような儀式が行なわれ、その妖気的な雰囲気がミノタウロスという怪物の神話を生み出した**のかもしれない。

確かなことは、そこに宮殿は存在し、ギリシア神話を想起させるような痕跡があることだ。はるか古代、この宮殿の奥深くで何が行なわれていたのか。それが判明すれば神話とのつながりも見えてくるに違いない。

最古の騎馬民族スキタイの知られざる風習

「洋服のルーツ」を生み出した古代遊牧民

世界で最初の騎馬戦士民族といわれているのが**スキタイ人**である。紀元前八世紀頃から南ロシアの草原地帯を疾走していた民族である。

紀元前のギリシアの歴史家ヘロドトスによると、スキタイ人には三つのヒエラルキーが存在していて、支配階級で牧畜民である「王族スキタイ」、王族スキタイの権力を維持・拡大した「戦士スキタイ」、さらに、被征服民で構成される「農耕スキタイ」に分かれるという。

つまり、牧畜と農耕の混合だったわけだが、優先されていたのは牧畜であり、馬をもっとも価値の高い家畜と見なし、**馬を自由に操り、牧草を求めて草原を移動する遊牧民族だった**と考えられている。

彼らは、槍《やり》と弓、長い剣で戦った。寒い土地で騎馬民族として生きたスキタイ人は、

クリミア半島シンフェロポリで発見されたスキタイの遺跡「スキタイのナポリ」

先のとがった皮製の帽子、腕にぴったり合う筒そでの上着とズボンを身に付けていた。**スキタイ人の衣装がやがてヨーロッパに伝わって現在の洋服のもとになった**と考えられている。

さらにヘロドトスによれば、スキタイ人は荷馬車で生活し、住居や家具などは質素だった。持ち運びが容易な貴金属が貴重な財産で、スキタイの王は黄金の鋤《すき》・斧《おの》・杯《さかずき》を三種の神器として大切にしていた。戦士たちは討ち取った敵の頭蓋骨に金を貼り付けて杯にしていたという。

発見された「不思議な遺体」

一八六五年にロシアの考古学者ウィルへ

ルム・ラドロフが、南シベリアのアルタイ山地で発見したパジリク遺跡はスキタイ人の古墳だといわれている。王墓や貴族の墓からは、黄金の杯や装飾品、見事な彫刻が施された青銅の武器や馬具などが発見されている。墓には大小あり、首長と思われる直径三六メートルにも及ぶ墓がある一方、副葬品のない小さな墓もあった。つまり、当時からすでにスキタイ人の間では社会的な身分がはっきり分かれていたようだ。

このようにスキタイ人の生活様式や社会秩序などについてわかっているのだが、なかには今もってわからない風習もある。

パジリク遺跡から、頭皮が剥ぎ取られた族長と見られる老人と、頭を割って脳を取り除き、代わりに植物が埋められた族長の妻と思える女性の遺体が発見されたのだ。女性は腹の内臓も取り除かれ、香草が詰められていたという。この二つの遺体は、スキタイ人の風習を伝える貴重なものだと考えられている。

ヘロドトスも葬儀について似たような記述を残している。それによれば、王が死ぬと腹を切り開き洗浄し、そこに芳香性の物質が詰められる。その後、縫い合わされると体全体にロウが塗られるという。なんとも不気味な風習であるが、この行為がどういう意味を持っているのかについては、はっきりしていない。

「ロードス島の巨人像」は本当に海を跨いで立っていたのか？

太陽神ヘリオスの〝巨大すぎる像〟

ロードス島は、ギリシアのドデカネス諸島最大の島で、トルコの沿岸からおよそ一九キロメートル沖合のエーゲ海に浮かんでいる。この島は紀元前五世紀〜紀元前三世紀ごろに地中海と西アジアを結ぶ中継地として栄え、巨大な富を築いていた。

そのロードス島には、**島の港の入口にギリシア神話の太陽神「ヘリオス」の巨大な像がそびえていた。**その高さは、台座を含めると五〇メートルに及んでいたともいわれている。

ヘリオス像が建てられたきっかけは、紀元前三〇四年にマケドニア軍による攻撃から耐え抜いたことだといわれている。このときから三〇年間で三度もマケドニア軍に攻められ、耐え抜いたロードス島の人々は、感謝を込めて島の守護神でもある太陽神ヘリオスの像を建造することにしたのである。それは富と力の象徴でもあった。

像を建造する材料に使われたのは、マケドニア軍が残していった大量の青銅製の武器で、鉄の補強柱を組み立てて石材で固め、表面に青銅板を張り付けたものだったと考えられている。工事は紀元前二九二年に始まり、一二年をかけて完成したという。

これだけ大規模な事業だったにもかかわらず、どんな姿をしていたかはわかっていない。今日では「世界の七不思議」のひとつに数えられている。

港の入口を跨いで立っていたというが……

なぜ、ヘリオス像の実態はわからないのか。

じつは巨像が立っていたのは六〇年ほどでしかない。**紀元前二二六年の地震で倒壊してしまった**のだ。残骸はしばらく港に残されていたものの、のちにロードス島を侵略したアラブ人がシリアから来た商人に青銅片を売り払ってしまい、かつての姿を示す痕跡が何ひとつ残っていない。結果、今に伝わるヘリオス像は、あくまで古代の著述家が想像力で記したにすぎないのである。

有名な記述のひとつに、**両足を開き港口を跨いで立っていた**というのがある。

しかし港の入口は幅が四〇〇メートルあまりあったとされているので、跨いで立つ

16世紀の画家によって描かれたロードスの巨像の想像図

には、五〇メートルよりずっと大きくなければ無理である。

　実際のところ、**足元はしっかり閉じていたか、あるいは足を少し開いた程度ではなかったか……。**こう考えるほうが自然ではあるが、やはりこれも定かではない。

　ただ二〇世紀の終わりにロードス島の沖で、巨大な彫刻の一部が発見された。縦一六〇センチメートル、横一八〇センチメートル、厚さ八五センチメートル、重さ一トンもあるものだった。

　これはヘリオス像のこぶしではないかといわれている。もし事実なら、当時のヘリオス像の姿を考察する手がかりのひとつになると期待されている。

いまだ残る車輪の跡……マルタの荒野に残された轍のミステリー

「二本の溝」が最大の謎

マルタ島は、イタリアのシチリア島の南九〇キロメートルほどのところに浮かぶ小さな島で、面積は淡路島の半分ほど。さらに小さなゴゾ島、コミノ島を合わせた三島でマルタ共和国を形成している。ここは地中海のほぼ中央に位置し、アフリカ大陸にも近く海上交通の要衝であるため、古くから盛えていた。紀元前五二〇〇年頃の土器や陶器が出土し、狭い島内には驚くほどたくさんの巨石建造物がある。

マルタ島からは、極端に太った女性の姿をした像が数多く出土している。これは豊穣の象徴であると推測されているが、古代マルタの人々が、どのような信仰を持っていたのかはわかっていない。だが建造物からは供物用と思われる陶器類が出土し、祭壇らしき平石などもあるため宗教施設であることは間違いないとされる。

もっとも保存状態がよいイムナイドラ神殿、首都ヴァレッタにあるタルシーン神

マルタ島に残る２本の轍。まだ車輪が発明されていない時代のものとされる

殿、巨石を用いたハジャー・イム神殿など、神殿の多くは紀元前四〇〇〇年頃に築かれた世界最古級の神殿遺跡である。いずれも海岸で切り出された石灰岩を精緻に組み上げ、表面は工具を使った仕上げになっている。その頃の島内の人口は不明だが、まとまった労働力によって組織的に築かれたものと考えられている。

小さな島内に、なぜ多数の巨石神殿が密集するかのように存在しているのか、指導者はどんな人物だったのかは不明である。

マルタ島の巨石遺跡を特徴づけるひとつが、島のあちらこちらを平行に走っている二本の溝である。車が通った後にできる車輪跡のように見えるため、〝車輪の轍《わだち》〟を意味するカート・ラッツと呼ばれている。現代人の目からは、さほど不思議に思えない溝だが、これがマルタ島最大の謎かもしれない。

車輪は未発明なのに……

まず考えられるのは、神殿建設のために海岸から石を運んだ車輪の跡ではないかということだった。マルタ島は急勾配が多く、海岸で切り出した巨石を持ち上げて運搬するのは、車輪なしでは難しかったに違いない。

しかし**この時代、まだ車輪は発明されていない**。また、カート・ラッツは固い岩肌の上にもくっきりと刻まれており、ある場所では、V字型の溝が一五～五〇センチメートルもの深さがある。車輪の跡なら、このような深い跡はつかないはずだ。

ならば、そり状のものにスケートの刃のような鋭いブレードを付けて滑らせ、石を運んだのではないか……。

あるいは、カート・ラッツに丸い滑らかな小石を敷き詰めて、その上に物を載せることで、転がしながら運んだのではないか……。これならば、深い溝の理由も説明がつきそうだ。

土壌や人を「レール」で運んでいた？

ところが、神殿近くにはカート・ラッツとおぼしき跡は残っていないのである。

そもそも、カート・ラッツが走っているルートは不規則で、どことどこを結んでいるという一定の法則を見出すことができない。丘や崖の上を走っているかと思えば直角に交差したり、鉄道のポイントのように途中で分岐したり、平行に何本も走っていたりしている。不自然に密集しているところさえある。その状況から、祭祀など宗教上の目的で掘った溝、あるいは水路だったのではないかという説もある。

近年になって注目されているのが、カート・ラッツの幅である。二本の溝の幅は、およそ一三四～一四〇センチメートルで、これは現在、世界でもっとも多く用いられている鉄道のレール幅（軌道）の一四三五ミリメートルに近い。ならばこの幅は、大きなものを移動させるのに適しているのかもしれない。やはり**カート・ラッツは運搬用のレールのような役割を果たし、農耕に用いる土壌の運搬や、ときには人も運んだのではないか……**。カート・ラッツは、巨石遺跡の文明の謎を解き明かしてくれる手掛かりであると同時に、存在自体が新たな謎を呼んでいる。

アーサー王の墓「グラストンベリー」にまつわる疑惑

イギリスを救う〝過去にして未来の王〟

中世初期イギリスの人物で、もっとも広く知られているのが**アーサー王**である。ケルト系ブリトン人の王としてサクソン人の侵入を撃退し、ドラマチックな冒険を重ねた英雄だ。その生涯は戦いだけではなく、魔法使いマーリンの不思議な力や王妃ギネヴィアの恋、円卓の騎士たちの活躍などに彩られた〝アーサー王物語〟として伝えられてきた。そのため早くから文学や映画のテーマとなり、今日ではアニメやゲームでも人気を集めている。

アーサー王は敵との戦いで深手を負い、アヴァロン島に舟で運ばれて最期を迎えたとされる。それでもイギリスが最大の危機に襲われたら、国を救うために姿を現わすと信じられており、〝過去にして未来の王〟と呼ばれている。多くの伝承から、アーサー王は六世紀の人物だったと思われるが、実在したことを証明できる史料は何ひと

アーサー王の墓が伝わるグラストンベリー修道院

つ発見されていない。

ところが、**イギリス西部サマセットのグラストンベリーが、アーサー王終焉の地であるアヴァロン島のことであり、彼の墓所も発見されていた**というのだ。

グラストンベリーは小さな街で、キリストの遺体を引き取って墓に納めたアリマタヤのヨセフという人物が、ここまでやってきて、イギリスで最初の修道院を設立したと伝わる。

アーサー王の墓を捜し当てたのは、一一九一年、グラストンベリーの修道士たちだった。吟遊詩人が「アーサー王の墓がグラストンベリー修道院にある」と王のヘンリー二世に告げたことから発掘が始まったのだという。

見つかった木製の棺のなかには、大柄な男性の骨一体と、ずっと小柄な骨一体があった。そして、**「ここアヴァロンの島に高名なるアーサー王と、アヴァロンでの第二の妻ギネヴィア眠れり」とラテン語の文字で刻んだ十字架も発見された**のである。男性の骨の頭蓋骨には傷があり、小柄な骨のかたわらには黄金の髪の房も納められていたことから、アーサー王と王妃ギネヴィアのものとされた。

どうしても聖遺物が必要だった修道院

だが、この話が本当かは多分怪しい。

というのも、当時のグラストンベリー修道院は、とにかく聖遺物を必要としていたからである。いったいどういうことなのか。

中世の修道院は、聖者の遺体や衣服、持ち物などの聖遺物を権威の象徴としていた。聖遺物を保有していると、はるか遠くからも巡礼者たちがやってきて喜捨《きしゃ》を行なってくれるため、貴重な収入源になった。ところがグラストンベリー修道院は発掘の少し前の一一八四年に大火に遭い、聖遺物がすべて焼けるという災難に直面していた。

このような状況で、グラストンベリー修道院としては新たな聖遺物がどうしても欲しかったに違いない。**アーサー王の墓の発見は、修道院にとってまさに救世主だった。**

これは、ブルターニュの統治に手を焼いていた当時の王ヘンリー二世にとっても都合のいい話だった。アーサー王のモデルは、五世紀のブルターニュの王という説があり、ブルターニュではアーサー王が出現し、イギリスの支配から救ってくれると信じていた。ブルターニュの人にとってアーサー王の存在は精神的支えであった。ヘンリー二世にしてみれば、アーサー王がすでに死んでいることをはっきりできれば、精神的支えをなくしたブルターニュを支配しやすくなると考えたに違いない。

アーサー王の墓の発見は、両者にとって都合がよかったのである。利害が一致して大々的に宣伝された。こうしてグラストンベリーがアーサー王の終焉の地であるかのように語られてきたのだ。

おかしなことに、これほどの大発見だというのに、遺骨は一二七八年に黒い大理石の棺で再び埋葬され、ラテン語で書かれた十字架は行方知れずになったままだという。

もし、都合よくつくられた話だったとすれば、本当のアーサー王はどこで眠っているのか。この答えは誰にもわからない。

伝説のムー大陸か!? 謎の人工島「ナン・マドール」

九二の人工島が浮かぶ「太平洋のヴェニス」

ミクロネシアに属するポンペイ島の南東沖に、**「ナン・マドール」**という遺跡がある。ただ、遺跡といっても目に入るのは**ヤシやマングローブが茂った緑の小島で、その数は、九二にも及ぶ。**大きなものでも一〇〇メートル四方ぐらいしかない。

じつは、すべてが浅瀬に玄武岩を積んでつくった枠組みのなかに、サンゴや石を敷き詰めて造成した人工島だ。高さは平均して海面から一～二メートルだが、大きなものは九メートルに達するまで石が積み上げられている。こうした人工島が整然と海に並び、水路で結ばれていることから、「太平洋のヴェニス」とも称されている。

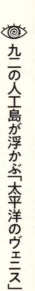

「ナン・マドール」とは現地の言葉で「間の地」を意味していて、「天と地の間の場所」「陸と海の間の場所」といった意味がある。

ナン・マドールについては謎が多い。なにしろ島には文字がなく、口伝でその歴

太平洋に浮かぶ謎の人工島ナン・マドール

史が語られているだけなので、いつ、誰が、何を目的にしてつくったのか、よくわかっていないのである。あまりの謎の多さからか、太平洋に沈んだ伝説のムー大陸ではないかという説まで飛び出したことがある。

それでも現地に伝わる民話や、幾度となく行なわれた発掘調査などから、おぼろげながら全体像が見えつつある。

ナン・マドールの成立について民話では、**オロシーパとオロショーパという兄弟が、西の島からカヌーでポンペイ島に渡ってきて、街をつくろうとしたのが始まりだった**という。しかし、兄弟は島内に街づくりをしたものの、うまくいかず、最後に成功したのがナン・マドールだった。実際、島内には、浅瀬に石組みが残っており、この民話を裏付けている。

兄のオロシーパが街の完成前にこの世を去ったので、弟のオロショーパが初代のサウテロール王となってポンペイを統治。こうしてサウテロール王朝が誕生したという。

サウテロールというのは、一〇〇〇年頃～一六〇〇年頃までポンペイを統治した実在の王朝の名で、しばらく平和に続いたが、一六代目の時代に崩壊している。

この民話と現実の歴史を重ね合わせると、人工島は五〇〇年頃から街の建造が始まり、一五〇〇年頃までの一〇〇〇年ほどの長い年月をかけて造成されていた。

なぜ、わざわざ人工島を造成する必要があったのかは不明だが、ここはサウテロール王朝の都であったようだ。王宮や政庁のほか、神殿、来客用の居住地、王宮の使用人たちの家などもあることから、政治や信仰の中心地だったと考えられている。

また、**ナン・マドールがある場所には、かつて海底に沈んだ都市があり、オロシーパとオロショーパは、その海底遺跡の上に人工島を建設した**という伝承もある。

実際、科学的調査によって、島付近の海底から石造建築物が発見されていて、この石造建築物はナン・マドールが建設された時代より古い時代のものだと判明している。

ナン・マドールの下には、もっと古い文明の遺跡が眠っている可能性があるのだ。

エジプトとメソポタミアの間で栄えた「幻の古代王国」

オリエント史を覆した「エブラ王国」の発見

オリエントの古代文明といえば、エジプトとメソポタミアがまず思い浮かぶが、じつは西アジアのシリアにも、それらに勝るとも劣らぬ文明が繁栄していた。その名は**「エブラ王国」**。

この王国の存在が明らかになったのは、一九六四年にイタリア人パウロ・マティエ率いる考古学調査隊が、「テル・マルディィフ遺跡」を発掘したことだった。

いざ発掘してみると、そこから現われたのは壮大な遺跡だった。エブラ王国の存在については、マリ王国やアッカド王国の文書にも記述があったために、なんらかの文明が存在していたことはわかっていた。この発掘によって明らかになったエブラ王国の文明は、現代人の想像を超えるものだったのである。

テル・マルディィフ遺跡の発掘でわかってきたことは、**約五六ヘクタールの面積に、**

最大径一〇〇〇メートルもある外壁で囲まれていた都市であったこと。中央には王宮など政治・文化の中心的役割を果たした建物があるアクロポリスがあり、そのアクロポリスと外壁の間に住居区域があった。

この遺跡のもっとも古い集落は紀元前四〇〇〇年代後半のもので、この時期が第一期。さらに紀元前二九〇〇年頃～紀元前二〇〇〇年頃に第二期、紀元前二〇〇〇年頃～紀元前一六〇〇年頃に第三期と区別されていて、この第三期が、エブラ王国のもっとも繁栄した時期だったようだ。

大量の「粘土板文書」が出土

エブラ王国は、メソポタミアやエジプトの諸王が望んだレバノン杉や貴金属などの資源があったことから、貿易が繁栄の礎になっていたと考えられている。

さらに驚くべきことは、**王室文書庫跡が見つかっていて、そこから一万五〇〇〇枚にも及ぶ一辺二〇センチメートルほどの粘土板が出土した**ことだ。

しかも、その粘土板には楔形《くさびがた》文字がシュメール語やエブラ語で刻まれていて、法令集や動物の飼育に関する文書、農地の管理、貿易や条約などといった経済や行政に関

エブラ王国の遺跡とされるシリアの「テル・マルディフ」

する文書、讃歌や呪文などの宗教儀式に関する記録まであった。

この時期は、シュメールでもようやく楔形文字の書き方の規則が確立しつつあった時代。その時期に、これほどの粘土板を保管していた**エブラ王国は、文化的にも相当進んでいた**と推測できる。

とはいえ、エブラ王国の全容が明らかになったわけではない。一九六四年の発見以来、遺跡の発掘は続けられているが、あまりに規模が大きいために全貌がわかるには、まだ数十年かかるといわれている。粘土板の解読もまだ終わっていない。

この先、発掘と解読が進めば、中東の古代史は大きく塗り替えられる可能性がある。

4章

現代では再現できない「驚異の技術」

「クフ王のピラミッド」――三〇〇万個の巨石を積み上げた方法

砂地でソリを上手に引くには？

エジプトのピラミッドは、巨大建造物の代表的な遺産だが、なかでも最大の規模とされるのが**クフ王のピラミッド**である。カフラー王、メンカウラー王のピラミッドとともに三大ピラミッドと称されるが、クフ王のピラミッドの存在感は、そのなかでも格別だろう。

紀元前二六〇〇年頃に建造され、当時は一四七メートルもの高さがあったという。使われた巨石ブロックの平均は約二・五トンで、それが約三〇〇万個使われている。そんな大きくて重い石をどのように運んでいたのか。

それまで定説となっていたのが、**木でつくったソリに載せて、大勢でソリを引いて運んだ**というものだ。ところが、エジプトのような砂地でソリを引こうとしても、ソリが砂地にめり込んで、前に進まないという難点があった。

三大ピラミッドのなかでも最大の規模を誇るクフ王のピラミッド

「水」で固めて、「ソリ」で運搬

近年、その疑問を解決するかもしれない壁画が見つかっている。

じつは、ハトシェプスト女王期の首長であったジェイホテプの墓の壁画に、**ソリの前で水をまいている様子が描かれていた**のである。

乾いた砂地ではソリはめり込んでしまうが、水をまくことで砂を湿らせて固めたのかもしれない。

エジプトでは、建造の方法などを書き残していないので確証まではできないが、壁画を見る限り、水とソリを活用したという説は説得力があるとして支持されている。

古代エジプトには「重機」があった⁉

巨石の運搬方法は説明がつくものの、いまだに解けない謎もある。

約二・五トンもある巨石を、どのようにして、高さ何十メートルも積み上げたのかである。現代なら重機を使えるが、古代エジプトにはそんなものはなく、ほとんど人力だけでの工事である。巨石の積み上げ方に関する主な仮説は次の三つである。

第一の説は、**ピラミッドの外にスロープを付け、そのスロープを使って、巨石を積み上げていった**というものだ。重い物をそのまま真上に上げようとすると、大きな力が必要になる。ところが、なだらかなスロープを使えば、巨石を少しずつ上に上げることになり、人力だけでも可能となる。

ただ、この仮説の弱点はスロープをつくるためのスペースである。一四七メートルもあるクフ王のピラミッドの頂上まで巨石を運ぶとなると、約一・六キロメートルもの長さのスロープが必要になると試算されている。けれども、クフ王のピラミッドの周りにはほかのピラミッドも建設されており、スロープのためのスペースはない。仮に最初のピラミッドであるクフ王のピラミッド建設時にはなんとかスペースが確保できたとしても、その後のカフラー王（高さ約一三六メートル）、メンカウラー王（高さ約六五メートル）などのピラミッド建設時に、どうスペースを確保したのか。

第二の説は、**古代エジプトには重機があった**というものだ。重機を使って巨石を積み上げたという非常にシンプルな説だ。荒唐無稽にも聞こえるが、あながちでたらめともいえないらしい。

じつは、古代エジプトではナイル川の灌漑工事を行なっており、このとき、シャダーフという木製のクレーンを使っていたという。しかし、そのクレーンは本来、ナイル川の水をくみ上げるために使っており、仮に約二・五トンもの巨石を積み上げるとなると、このクレーンが数百基は必要になる。強大な王の権力をもってすれば、数百基のクレーンを用意することはできそうだが、問題はスロープ説と同じく、数百基のクレーンを置くスペースをどう確保したかである。

有力説は「スロープ&クレーン」

第三の説は、**最初の説と同じくスロープを使ったというものだが、ポイントは、スロープをピラミッドの外側ではなく内部につくった**という点。この説では、ピラミッドの底部から三分の一の高さまでは外側のスロープで巨石を積み上げた。このくらいの高さまでなら、一・六キロメートルものスロープは不要である。

そして三分の一の高さを超えたら、ピラミッドのなかにスロープをつくる。このとき、スロープはらせん状にする。巨石を運ぶとき、スロープの端まで来たら、方向転換させて、少しずつらせん状のスロープを上っていくというわけだ。この方法なら、スロープのスペース問題は解決する。

方向転換するときは、第二の説の木製クレーンを使えばいいというわけだ。巨石を持ち上げるまでの能力はなくても、方向転換のサポートなら、クレーンはそれほど多く必要ない。たしかにクフ王のピラミッドの角には、クレーンを設置したのではないかと見られるくぼみが存在する。第一と第二の説のいいとこ取りともいえる折衷説だ。

ピラミッドの下部で使われた巨石と上部で使われた巨石のサイズを比べると、下部の巨石のほうが大きい。じつは、**内部スロープの入口は最大一・八メートルとされ、これ以上の大きさの石は通せなかった。そのため、上部の巨石は下部の巨石よりも小さめのサイズになった**というのだ。

これが今のところ有力な説ではあるが、定説とまでは至っていない。

●第3の説：内部スロープでの建造法

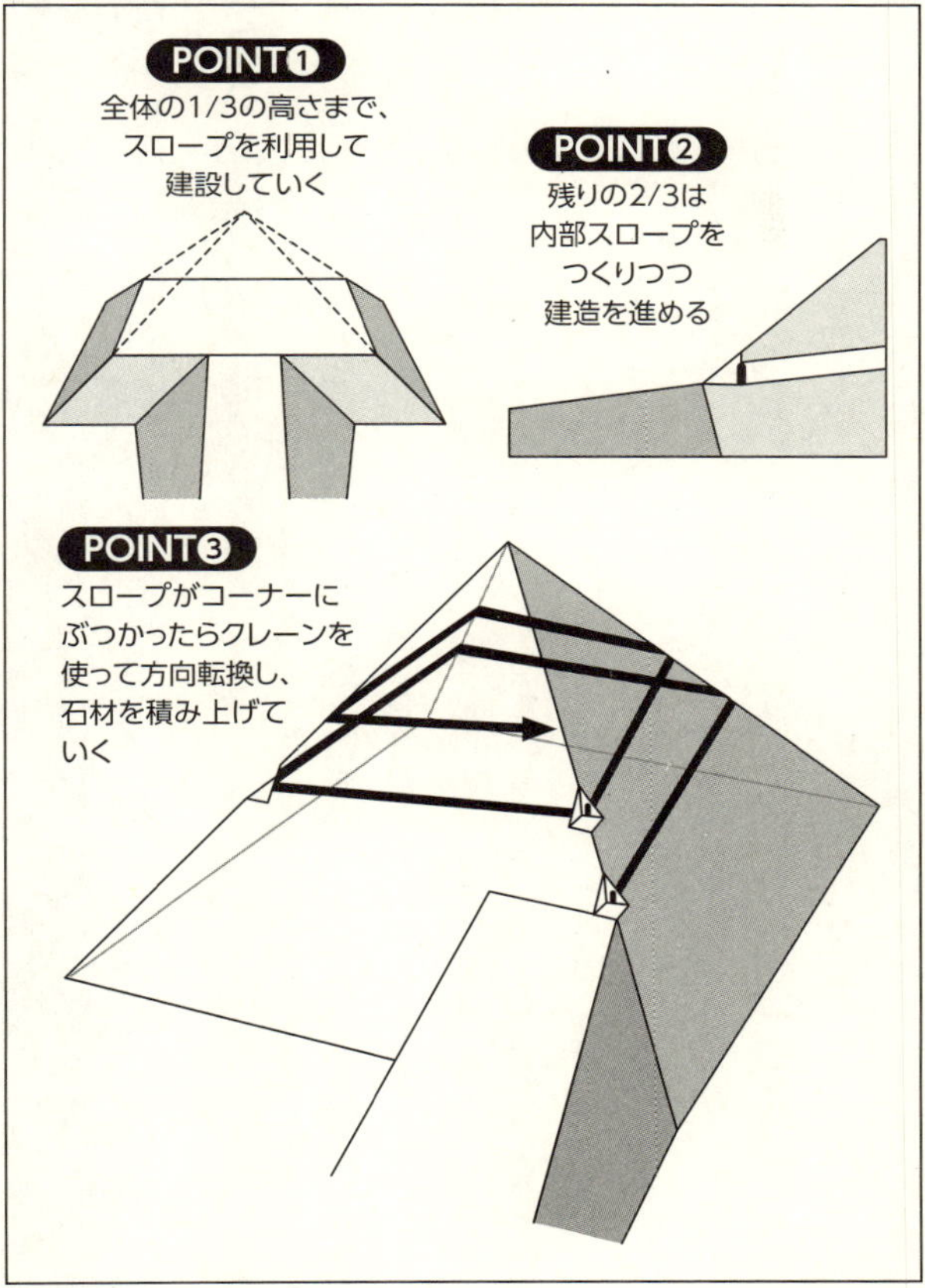
POINT❶
全体の1/3の高さまで、
スロープを利用して
建設していく
POINT❷
残りの2/3は
内部スロープを
つくりつつ
建造を進める
POINT❸
スロープがコーナーに
ぶつかったらクレーンを
使って方向転換し、
石材を積み上げて
いく

ヴァイキングはコロンブスより先に新大陸に到達していた！

優れた航海技術で北の海を渡る

ヨーロッパ人のアメリカ大陸到達は、**一四九二年のコロンブスが最初とされてきたが、それより五〇〇年も先にアメリカ大陸に足を踏み入れた人たちがいた**かもしれない……。それは**北欧のヴァイキング**である。海賊のイメージが強いヴァイキングだが、それは彼らの生活のほんの一部で、ふだんは農業や狩り、漁、交易を行なって暮らしていた。そして彼らは、優れた造船・航海技術で海を渡ったのである。

ヴァイキングの活躍は、「サガ」で伝えられている。サガとは伝承のことで、おもに中世のノルウェーやアイスランドで起きた出来事を記している。アメリカ大陸に関わる記述は、九八二年の赤毛のエイリークという男の航海から始まる。

――エイリークは二五隻のロングシップを率いてアイスランドから船出し、グリーンランドを発見した。ここに入植しようとしたが、土地のほとんどが氷に覆われて資源に乏しかったため断念。その後、ヘルヨルブソンという男がグリーンランドに向かうも、風に流され見知らぬ土地に流れ着いた。その見知らぬ土地がどこなのかは誰もわからなかった。

赤毛のエイリークの息子レイヴ・エリクソンは、その見知らぬ土地の話に興味を持ち、三五人の男とともにグリーンランドから船出し、西へ西へと帆を進めた。そしてたしかに**陸地があることを確かめ、森林の地を意味する「マルクランド」、ブドウの地を意味する「ヴィーンランド」と名付けた。**国に戻ったレイヴからこの探検の話を聞いた弟のトールヴァルドもまた、新天地を求めて出航し、アメリカ先住民と遭遇した。

一〇二〇年頃、ソルフィン・カルルセフニは一六〇人の男女と家畜を引き連れ、三隻の船で新天地に向かった。しかし到着した最初の冬に食糧が不足し、早くも仲間割れが起こった。アメリカ先住民と交易も行なったのだが、じきに争いとなり、ここにいるのは危険だと判断して、三度目の冬に故郷に引き返した——。

「サガ」の記録と一致する遺跡の数々

これらのサガの記述は早くから知られていたが、「マルクランド」「ヴィーンランド」が、果たしてアメリカ大陸を指しているのか不明だった。しかも、この伝承がどこまで事実なのかという裏付けもなかった。

ところが近年、**カナダ東部のニューファンドランド島でヴァイキングの住居跡が発見された**のである。ニューファンドランド島はセントローレンス川の河口をふさぐように位置する面積約一一万平方キロメートルの巨大な島である。

一九六〇年、ここの北端ランス・オ・メドーで、住居跡や道具類が発見された。驚かされたのは、造船用の製材所や溶鉱炉の跡、鉄釘が出土したことだった。当時のアメリカ先住民は鉄の鋳造技術を持っていなかったため、これはヴァイキングの遺跡で、レイヴ・エリクソンが名付けた「ヴィーンランド」ではないかと考えられたのである。短い期間しか暮らさず、その後は放棄したと思われる痕跡から、入植は失敗したことが読み取れ、それはサガの記録に合致していた。

二〇一六年には、衛星画像と磁気探知機を使った調査から、ランス・オ・メドーから南へ一〇〇キロメートルほどの半島、ポイント・ローズでも住居跡が発見された。住居跡はヴァイキングの家によく似た間取りだった。

ポイント・ローズは海中の岩が比較的少なく、船を停泊させたり、引き上げたりす

大西洋さえも横断したヴァイキングの船「ロングシップ」

るのに都合がいい港である。ヴァイキングの生活様式にはぴったりの場所だった。それを示すかのように、ここでも製鉄作業の跡や鍛冶場が見つかっている。**ヴァイキングはアメリカ大陸で生活を営んでいた**可能性が高まった。

だが、サガの記録にあるように、ヴァイキングたちはアメリカ大陸を早々に諦め、忘れてしまったようだ。その後のことは、何も記されていない。

ヴァイキングの住居や所持品は石を用いたものは少なく、ほとんどが木材や鉄でできているため、腐食しやすく出土品は少ない。アメリカ大陸でのヴァイキングのその後足取りは、わからずじまいである。

紀元前七〇〇〇年!?
割り出された大スフィンクス成立時代

「紀元前二五〇〇年頃の建設」とされてきたが……

エジプト北部のギザの台地に横たわっている**大スフィンクス**は、高さ約二〇メートル、長さ約七三メートル。六階建てのビルにも相当する巨大さで、その威容に訪れた者は誰もが圧倒される。

この**大スフィンクスは、紀元前二五〇〇年頃、第四王朝のカフラー王の命で建設されたと考えられており、これが定説とされている。**

根拠は、大スフィンクスが、カフラー王のピラミッドから延びる参道脇にあること、カフラー王の像が発見された河岸神殿大スフィンクスで使われている石材が、その場所で採取されたものを用いていることなどである。

こうした理由から、大スフィンクスとスフィンクス神殿は、カフラー王時代につくられたものと考えたほうが自然であるというわけだ。

定説を覆す「衝撃の新説」が登場

しかし、一九九一年、ボストン大学の地質学者、ロバート・ショークが、この定説を覆す新説を唱えた。大スフィンクスは紀元前七〇〇〇年〜紀元前五〇〇〇年につくられたのではないか――。

これが事実ならば、一気に二五〇〇〜四五〇〇年ほども時代が遡り、**エジプトの初期王朝（紀元前三〇〇〇年頃）の成立よりはるか古くから大スフィンクスが存在していた**ことになる。

ショークの説の根拠となったのは、大スフィンクスの体に刻まれた縦方向の溝である。この溝は、激しい雨によってできた浸食を示す典型例だと主張した。大スフィンクスがつくられたとされる紀元前二五〇〇年以来、ギザの地はずっと乾燥した気候で、岩を削り取るほどの豪雨は記録されていない。豪雨が続くような雨季があったのは紀元前七〇〇〇年〜紀元前五〇〇〇年の時代であり、大スフィンクスはこの時代のものではないかというわけである。

大スフィンクスとカフラー王に、なんらかの関係があることは間違いないだろう。

しかし関係があるからといって、カフラー王の時代に建造されたという証拠にはならない。古代エジプトでは、古くからの建築物を改修したり、新たな建築物を付け加えたりすることは珍しくない。

事実、**新王国時代第一八王朝のトトメス四世（在位紀元前一四一九年〜紀元前一三八六年）が、大スフィンクスを修復したという記念碑が前足の間に残っている**のだ。

大スフィンクスのような巨大建造物であれば、新たに手を加えることで王が自分の威光を示そうとしたとしても不思議ではない。つまり、カフラー王との関係は、修復によって生まれたものだったとしても不思議ではないのである。

「エジプト初期王朝より前」という説も

さらに、『オリオン・ミステリー』の著者の一人、ロバート・ボーヴァルは、天文学によるアプローチによって、大スフィンクスは紀元前一万五〇〇〇年頃だと主張している。この時期に、春分の日の朝、大スフィンクスの真正面（東）の地平線に獅子座が昇ることを突き止めたのである。

ボーヴァルは、大スフィンクスが南東を向いていること、その体が獅子である必

驚きの成立年代が算出された大スフィンクス

然性などから、**「大スフィンクスは天にいる自分と同じライオン（獅子座）を背景に、夜明けの空に太陽が昇るのを見る仕掛けではなかったか」**というのだ。

しかし、エジプトの初期王朝よりはるか昔に、大スフィンクスをつくるような高度な文明が存在していたのだろうか。にわかに信じがたい話である。

さて、大スフィンクスは、いったいいつからエジプトの地に鎮座していたのか。定説も新説も、決定的な物証を得られないでいる。謎は今も解けないままだ。

神殿？ 墓地？ 天文台？ カルナック列石の建設理由とは

ヨーロッパ最大の巨石群にまつわる珍説

フランス北西部ブルターニュ地方のカルナックという村の近くに、三〇〇〇本以上の石が、約三キロメートルにわたって立ち並んでいる場所がある。これが**ヨーロッパ最大の巨石群「カルナック列石」**だ。

カルナック列石には、直立している単独の石「メンヒル」と、複数の石が組み合わさった「ドルメン」で構成されていて、その配列の仕方から、メネック群、ケルマリオ群、ケルレスカン群の三群に分かれている。

それぞれの特徴を簡単に紹介すると、メネック群は幅一〇〇メートル、長さ一〇〇メートルの間に一〇九九本の立石が一一列に並んでおり、そのメネック群の東側にケルマリオ群がある。ケルマリオ群は、幅一〇〇メートル、長さ一一二〇メートルという広大な範囲に一〇二九本の立石が一〇列に並んでいる。また、ケルレスカン群はケ

約3キロメートルにわたって立ち並ぶカルナック列石

ルマリオ群の東側に、五九八本の立石が一三列に並んでいる。この配列は何を意味しているのか。配列の意図もさることながら、誰が何の目的で立てたものなのかわからないのだ。しかし、何らかの意図を持って立てられたことは間違いない。

カルナック列石には、こんな伝説がある。

——異教徒の兵士によって、キリスト教徒が海岸に追い詰められたとき、カルナックの守護聖人・聖コルネリが、兵士たちを石（メンヒル）に変えてキリスト教徒を救ったという——。

しかし、これはあくまで伝説にすぎない。立石には、キリスト教徒がシンボルを刻んだ石があり、たしかにキリスト教と関係があるようにも見えるのだが、これは後の時代に刻まれたもの。なかには古代ローマ人がローマの神々の姿を彫ったものなどもある。事実、この巨石の歴史はキリスト教の始まりよりはるか前から始まっており、新石器時代（紀元前四五〇〇年）から初期青銅器時代（紀元前二〇〇〇年）にかけてつくられたと推測されている。

つくられた目的が不明なだけに、カルナック列石については、さまざまな説が浮上している。たとえば、ドルイド教（古代ケルト人の宗教）の神殿説、この地の戦士を弔った墓地説などだ。

むろん、突飛な説もある。宇宙人や大地の精が創造したという説や、石から発せられる神秘的なエネルギーを古代人が利用していたという説、果ては、近くの海でとれた魚を石の上に並べて日干し魚をつくる作業場だったという説まである。

現在、**有力視されているのは、ストーンヘンジの研究家のアレクサンダー・トムが唱えた天文観測装置説**だ。石の並び方やメンヒルの配置から、太陽と月と星の動きを観察するための装置だと主張している。

とはいえ、一見、説得力があるように思えるこの説も仮説の域は出ていない。この巨石群は、我々に何を示しているのか謎のままだ。

南米最古の文明で「脳外科手術」が行なわれていた！

頭蓋骨の穴は戦士の治療の跡だったのか？

紀元前、**アンデス山中で脳外科手術が行なわれていた――**。にわかには信じがたい話だが、チャビン遺跡から出土した頭蓋骨には、脳外科手術をしたと思われる痕跡が見つかっている。南米大陸最古の文明とされるのが、ペルー中部の山中で紀元前九〇〇年～紀元前一〇〇年頃に栄えた**チャビン文明**である。チャビンは、ペルーの首都リマから北へ三〇〇キロメートルほど入ったところにある小さな村の名である。

一九一九年から始まった発掘調査によって、円形の半地下広場を囲む旧神殿、一辺五〇メートルの方形広場をコの字に囲む新神殿、張り巡らされた地下回廊、石造の小部屋などが発見され、ここでは、高度な技術を有する人々が暮らしていたことが見て取れる。石柱やレリーフには、蛇やコンドル、翼のあるネコに似た動物、獣の頭などが抽象的な文様として刻まれていた。

さらに調査が進むにつれ、ほかの山岳地帯や平地においても同じ様式の土器や金属器、多くの道具類が発見され、チャビン文明は広い地域に分布していたことが明らかになった。だが**チャビン遺跡の出土品のなかで、世界をもっとも驚かせたのが、穴の開いた頭蓋骨である。**通常ならば頭蓋骨の穴は、事故あるいは戦闘の結果と考えられ、ことに古代では、石斧などで敵の頭を強打する方法がとられていたため、砕けたり、穴が開いたりした頭蓋骨が出土することは不思議ではない。

しかし、チャビン遺跡では同じ形をした穴のある頭蓋骨が数多く見られたのである。そこで科学的な調査を進めたところ、穴の周囲の組織が再生していたことが判明。これは、その人物が頭蓋骨に穴が開いてから五〜一〇年も生存していたことを意味していた。つまり**頭蓋骨の穴は、事故や戦闘などで損傷した頭蓋骨を切開して治療し、砕けた骨片を取り除いた痕ではないかと推測できる**という。だが、現代でも高度な技術が必要な脳外科手術である。それを行ない、しかもその後の余命を保たせるなど、可能なのだろうか。

この疑問については、ナスカ文明の研究が待たれる。ナスカ文明は紀元前後にチャビン文明の影響を受けてペルーの海岸地方に興り、八〇〇年頃まで続いた。その遺跡から、

高度な外科手術が行なわれていたチャビン遺跡

やはり外科手術の様子が描かれた石器が発見されているのだ。それに先駆けチャビン文明でも、頭部に穴を開ける外科手術が行なわれていたと考えられなくもない。

もし本当に外科手術が行なわれていたとしたなら、それを可能にしていたのは、チャビンの地理的要因があるのかもしれない。ここでは、**現在でも麻酔に用いられているコカの葉が採取できる。**

また、アンデス山中の標高三〇〇〇メートルを超える高地にあるため、**傷口からの細菌感染が比較的少なかった**と推測される。

とはいっても高度な外科手術を、どのように編み出したのか、明確な答えはまだ出ていない。

定説「世界で初めて鉄を使ったのはヒッタイト」を覆す新事実

トルコの遺跡で見つかった「鉄の塊」

紀元前一八世紀～紀元前一二世紀頃のオリエントで、エジプトやバビロニアなどとともに強国のひとつだったのが**ヒッタイト**だ。首都だったハットゥシャシュの遺跡からは、エジプトとの間で結ばれた平和協定書が見つかっている。

しかしながら謎が多い。わかっていることは、紀元前二〇世紀頃にトルコのアナトリア高原にやってきたこと、青銅器時代に初めて鉄精製の技術を持ち、鉄の武器や二輪の戦車という兵器で他国を圧倒していたこと、紀元前一二〇〇年頃、地中海から侵入した海の民によって滅亡したことくらいだ。どこからアナトリアへやってきたのか、滅亡後、どこに行ったのか、どのようにして製鉄技術を習得したのかなど、よくわかっていない。**これまでいわれていた定説は、彼らが世界で初めて鉄を使った民族であり、その技術を武器に周囲を圧倒していた**ということである。

ヒッタイトの首都だったハットゥシャシュ遺跡のライオン門

だが、ある発見によってその定説が大きく揺らごうとしている。
その発見とは、トルコの首都アンカラから南東へ約一〇〇キロメートル離れたところにあるカマン・カレホユック遺跡で見つかった鉄の塊である。鉄鉱石を人為的に加熱したと見られ、紀元前二一世紀前後のものと推定された。つまり、**ヒッタイトがアナトリアへ来る前にすでにこの地で鉄が使われていた**可能性が出てきたのだ。
じつは、この発見以前から、研究者を悩ませていたのが、ハットゥシャシュの遺跡から精錬所が見つかっていないことだった。鉄を精製した際に出る鉄くずは少し見つかったが、製鉄所そのものは発見されなかった。遺跡から見つかる鉄製品は自然鉄（隕鉄）を加工したもので、鍛えた鋼とはほど遠いレベルのものだった。**ハットゥシャシュ遺跡からは、製鉄技術を持つ国だと裏付ける証拠が出てこない**のである。そのため、本当にヒッタイトは鉄の王国だったのかという疑問が唱えられていたのだ。

加えて、一万枚を超す粘土板が出土しているが、鉄に関する記述はほとんどなく、少数の鉄の武器を他国へ売ったことが記されている程度だ。

もっとも、製鉄所跡が見つからないのは、製鉄所は国の最大の極秘事項であり、外部に漏れないように、どこか見つかりにくいところにつくっていたからではないかという意見もある。そもそも製鉄所は首都ではなく別の場所に置かれていたのかもしれない。となると、ハットゥシャシュ遺跡から製鉄所が発見されなくても不思議ではない。

じつはヒッタイトの遺跡は風化がひどく進んでいるうえ、発掘作業はあまり進んでいないのが現状だ。未発掘の場所も多いため、見つかっていないだけかもしれない。

果たして、ヒッタイトは鉄の王国だったのか。カマン・カレホユック遺跡の鉄の塊は何を示しているのか、この両者に関係性はあるのか、今後の発見が待たれるところである。

なぜメソポタミアに「高層建築」が生まれたのか？

土地争いを防ぐための「測量」から始まった

『旧約聖書』「創世記」には、バベルの塔の伝説が記されている。

――神は、人間が天に達するほど高い塔（バベルの塔）を建てているのを知り、これは神に近づこうとする思い上がりだと怒った。そこで二度とこのようなまねをしないよう、それまでひとつだった人間の言葉を乱し、互いの言葉が通じないようにした。人間は散り散りになり、各地で違った言葉を用いるようになった――。

このバベルの塔のモデルとされるのが、メソポタミア地方で数多く築かれた高層建築である。ことに**新バビロニア王国の首都バビロンには、最大規模のジッグラト（聖塔）や空中庭園、宮殿などが建ち並んだ。**

ジッグラトはエジプトのピラミッドに似た巨大建造物である。いくつもの階層が重なり、周囲を螺旋《らせん》状の階段が取り囲んでいる。これは都市の中心となる存在で、神殿として祭祀に使われる建物だった。メソポタミア全体で、二〇ものジッグラトの遺跡が確認されている。

空中庭園のほうは、高い建物の屋上に植物を植え、茂らせたものである。現代人なら珍しくない景観だが、水が貴重なメソポタミアの地で、高所まで水を引き上げ、緑を絶やさず維持するのは容易でない。優れた技術なしでは不可能である。

高層建築へと導いた「箱舟伝説」

このような高層建築の発達には、いくつかの要因が考えられる。

バビロンでは、粘土を固めて乾燥させた日干しレンガが用いられた。レンガは、同じ大きさ、同じ形であるため、積み重ねて高い建物をつくりやすい。

また、メソポタミア人の祖は、もともと山岳地方に住んでいたシュメール人と考えられている。彼らは山頂で神に祈る習慣があったため、平原のメソポタミアに移住しても、自分たちの祈りや供物を焼く煙が天上の神々に届くよう、高い神殿を築いたのかもしれない。そして**何より大きいのは**、**洪水の影響**だと考えられる。

チグリス川、ユーフラテス川の二本の大河が流れるメソポタミア地方は、頻繁に大洪水に見舞われた。やはり旧約聖書にあるノアの箱舟伝説も、ここに由来するもので、さらにそれが世界各地の洪水伝説の起源になったと考えられる。その洪水から神を守ろうとして高い台を築き始め、それが高層建築へとつながったのかもしれない。

バベルの塔は「英知の結晶」でもあった

また洪水は、別の側面から高度な測量技術をもたらした可能性がある。

たしかに洪水は、肥沃な川の泥土を運んできて農地を豊かにしてくれる天の恵みでもあった。しかし、洪水後は土地の区画がわからなくなり、住民同士のトラブルが生じていたとしても不思議ではない。その争いを防ぐためには、測量をやり直して持ち主を明らかにする必要があっただろう。このような測量技術の必要性から幾何学が生まれ、そこから高度な設計技術が育まれたと考えられるのだ。

かつて、幾何学や数学は古代ギリシアで発達したと考えられていた。だが、**ギリシアより一〇〇〇年も前のメソポタミアの遺跡から、幾何学や数学の公式を記した粘土板が大量に発見されている。**バベルの塔は人間の傲慢の象徴である一方で、英知の結晶でもあったともいえる。

マヤの人々が自在に操った「超高度な天文知識」

マヤとトルテカの文明が融合した都

メキシコのユカタン半島北部に**マヤ文明とトルテカ文明が融合した都チチェン・イツァの遺跡**がある。マヤ文明は七世紀頃に興り、神殿が次々に建設されたが、なぜかマヤ人たちは、九〇〇年頃に突然チチェン・イツァを捨て去ってしまう。その一世紀後にチチェン・イツァを再建したのがトルテカ人だった。結果、チチェン・イツァは二つの文明が融合した独特の都市景観と文化を生み出したのである。

そのチ**チェン・イツァ遺跡を象徴するのが「エル・カスティーヨ」と呼ばれる階段状のピラミッド**だ。

マヤ文明は優れた暦を持っていたと考えられているが、このピラミッドこそが、それを証明する存在で、マヤの暦を表現する構造となっているのである。

高さ二四メートル、底辺五五メートルの九層の階段状ピラミッドで、最上部には神殿が乗っている。階段状ピラミッドには四面とも中央に階段があり、階段の数は九一段。四面合わせると三六四になり、これに最上階の神殿を足すと三六五段になる。

三六五といえば、一年の日数である。一年を三六五日とするグレゴリオ暦は、一五八二年に時のローマ法王グレゴリウス一三世の命によって、当時のヨーロッパの科学の知識を取り入れて制定した暦だ。しかし、それより四〜五世紀以上も前に、マヤの人々はすでに算出していたのである。

暦の誤差は一年でたった「十数秒」だけ

しかも、その正確さたるや、一年の太陽周期は現代の観測値が三六五・二四二二日なのに対し、**マヤ人が算出した太陽周期は三六五・二四二〇日。時間に換算して十数秒しか誤差がない。**

また、ピラミッドの側面には各面に五二個ずつパネルになった隙間があるのだが、この五二という数字も意味があるといわれる。

マヤ文明では太陽年の三六五日暦と同時に宗教年の二六〇日暦が重要とされてきた。五二は三六五と二六〇のほぼ最大公約数になる（正確には三六四と二六〇）。つまり二つの暦は、ほぼ五二年周期で合致する。その重要性を示すかのように、五二年に一度、宗教行事としてピラミッドなどの建造物のつくり替えが行なわれていた。

ピラミッドに浮かび上がる光の仕掛け

さらに驚くべきは、このピラミッドには壮大な仕掛けが施されていることだ。**春分と秋分の年二回、ピラミッド北側の階段に一匹の巨大な光の蛇が現われる**のである。

その幻想的な現象は、午後三時頃から始まる。太陽が西に傾き始めると、階段の側面に日の光と階段の影によって三角形の波状の模様が現われる。太陽が沈むにつれて光の波は、階段基部に添えられている蛇の頭像とつながり、巨大な光の蛇の姿が浮かび上がるのである。この蛇は「ククルカン」という羽の生えた伝説の生き物で、マヤ文明における信仰の象徴である。

「ククルカンの降臨」と呼ばれているこの現象は、偶然ではない。古代マヤ人は春分・秋分の日の太陽の軌道とピラミッドの向きや高さ、階段の角度など全てを計算し尽くしたうえで、この幻想的な現象を見事に演出していた。

ククルカンの降臨を演出した目的は定かではないが、宗教的な儀式であると同時に、

チチェン・イツァの天文台と考えられている「エル・カラコル」

春分を過ぎるとマヤ地方は雨季に入るため、焼き畑農耕の開始の合図だったのではないかとも考えられている。

それにしても、マヤ人はこのような高度な天文技術をどうやって手に入れたのだろうか。

遺跡には天体観測所だった遺構「エル・カラコル」もあるため、彼らは観測データを積み重ねて天体の周期を導き出していたと考えられている。

しかし、そのためには相当高度な処理能力や自然科学の知識が必要になる。これほどの知識を彼らがどうやって育んだのか、その答えは、今もって謎のままである。

世界最大の仏教遺跡ボロブドゥールが表現する「大宇宙」

世界最大の仏教遺跡

インドネシアのジャワ島中部にある**仏教遺跡ボロブドゥール**は、八～九世紀にかけて、大乗仏教を信奉するシャイレンドラ王国によって建設された。しかし、一〇世紀にはそのまま放棄されたようで、一八一四年、イギリス人行政官のラッフルズによって発見されるまでは、密林に埋もれていた。

遺跡は九層の階段状で、ピラミッドのような形をしており、高さは三一・五メートル（本来、四〇メートル近くあったようだが、修復後はこの高さになった）。基底部の二層目（一層目は地面下にあり「埋もれた基壇」と呼ばれる）の広さは一二〇メートル×一二〇メートルもあり、「世界最大の仏教遺跡」とされている。「埋もれた基壇」を含め下部の六層は方形で、上部の三層は円形になっている。頂上には、いくつもの釣り鐘の形をしたストゥーパ（仏塔）が並んでいて、そのなかには石仏が安置されて

基壇上にはストゥーパが並び、内部に石仏が安置されていた

いる。仏像は全部で約五〇〇〇体にもなる。

また、各階層にある回廊には、合わせて二六七二面ものレリーフがある。その一部には、**仏陀《ぶつだ》の誕生や生涯、布教などの遍歴、華厳経《けごんきょう》の説話が彫られている。**経典を読めない者でも、この回廊を見て歩けば、そうした仏教説話がわかる仕掛けになっているわけだ。

その規模といい、凝ったつくりといい、当時の仏教信仰の中心であったことは想像に難くないが、じつは、何のためにつくられたのか、その目的がはっきりしていない。

仏教寺院と呼ばれながらも、ここは、ピラミッドと同じく内部に人が入るような空間がない。また廟のように、本尊を安置しているわけでもない。この建造物の姿は、それまでの常識とはかけ離れたものだった。

建築物そのものが「宇宙」を示している!?

現在、有力とされているのが、一九二九年、ドイツの考古学者シュタッテルハイムが唱えた**仏教の宇宙観を表現している**という説である。大乗仏教では、宇宙は三つの世界（三界）からなるとされる。いわゆる俗世間といわれる「欲界《よっかい》」、精神が昇華した世界である「色界《しきかい》」、無の世界である「無《む》色界《しきかい》」である。この三界を表わしているのが、仏教遺跡そのもので、一番下の階層である「埋もれた基壇」が欲界、二～六層までが色界、七～九の円形の階層が無色界で、上の層へ行くほど悟りの世界に近づくという。最上層の中央のストゥーパの石仏は、仏陀そのものを表わしている。

事実、**上空からボロブドゥールを見ると、巨大な曼荼羅《まんだら》のように見える。**曼荼羅とは、仏教における宇宙観をわかりやすく絵で表わしたもの。さまざまな表現法があるが、中心に仏陀を配し、その周りを円形や方形で区切り菩薩や如来《にょらい》などを配置することが多い。となるとボロブドゥールの階層が方形と円形からなっていることもうなずける。

ボロブドゥールが仏教の宇宙観を表わしているとすれば、最下層の「埋もれた基

ボロブドゥールは仏教世界を表わす立体曼荼羅だった

壇」と呼ばれる層が、なぜ、隠されているかのように地面の下にあるのかについても一定の説明がつくという。最下層は「欲界」を表わしているため、レリーフのテーマも人間のあらゆる欲望が描かれている。そのため、さすがに人目に触れさせたくなかったのではないかというのだ。

ただこの説に確証はない。**長年にわたって建設される過程で、何度かの設計変更があり、当初の予定と違ってしまったため、埋もれただけ**だと考える研究者もいる。

世界最大の仏教建築物は、密林のなかで何を語ろうとしたのか。その声を聞こうと、今も研究が進められている。

「世界最古の天文台」をアイルランドで発見！

ドーム型の巨石遺跡「ニューグレンジ」

何のためにつくられたのかわからない巨石群が、世界各地に散見されるが、数ある巨石群のなかでも、かなり古い部類に入るのが、アイルランドのボイン渓谷に存在する。ボイン渓谷はアイルランドの首都ダブリンから北西のミース州の丘陵地帯にある。そこに、エジプトのピラミッドより古い紀元前三二〇〇年頃に建造された四〇以上の巨石群が点在する。

巨石群のなかでも最大のものが「ニューグレンジ」で、五〇〇〇年の時を経て、一六九九年に発見された。直径九〇メートル、高さ一〇メートルほどあるドーム型の建造物。地下に続く長い通路があり、奥は三室に分かれている。

精巧なつくりで、平らな石を少しずつずらしながら重ねることでドームの形にしている。頂上は一枚岩で、水を流すための溝が設けられており、今日まで雨漏りしたことがないと考えられている。五〇〇〇年前という時代を考えれば、当時としてはかなり高度な技法でつくられた施設である。

精巧な建造物の最大の謎は、いったい何のためにつくったのかわからないという点。いまだにその用途は不明である。

これまでは墳丘墓群と見なされ、首長の墳墓ではないかと考えられてきた。しかし近年、単なる墳墓という説に疑問が呈されている。たしかにこの遺跡には石室があり骨は見つかっているが、骨の数が少なく副葬品もないなど、一般的な墓の様式とはそぐわないのだ。その規模から**祭祀を行なう施設、とくに太陽信仰の神殿あるいは神の墓ではないか**とも考えられてきた。

「太陽の動き」がわかる施設

研究が進むにつれ、この巨石群には太陽の動きを知る仕掛けが施されていることが明らかになり、新たな説が浮上している。

巨石の入口の上には四角形の穴が開いている。ここは年に一度、冬至の日だけ朝日がちょうど差し込む光の通り道になる。ここから入った光は羨道《せんどう》（石室から、外部に通じる通路の部分）を通り、石室の最奥の部屋まで届き、一七分間、石室全体を照らし出すという。まるで冬至の日のための窓が設けられているかのようだ。

また、ニューグレンジにほど近いところに、別の巨石群ナウス遺跡があるのだが、ここも羨道の東西に二つの入口とトンネルがあり、春分と秋分の日に朝日と夕日が入り込む仕掛けとなっている。ボイン川流域一帯に点在する巨石群には、ニューグレンジとの共通点が見出せるのである。

これら巨石群は、太陽の動きから暦を知るための天文台だったのではないか——。

この新たな説を裏付けるような痕跡も見つかっている。巨石には、渦巻きやひし形などの独特の線の模様が刻まれている。

これまで、この線刻装飾が何を表わしたものなのか謎とされてきた。これに対して『巨石』（早川書房）の著者である山田英春氏は、ナウス遺跡の縁石には月の満ち欠けの変化が二九日間にわたって記された絵が刻まれていること、ほかにも日時計に見える模様があることから、天体の運行状態を表わしたものと唱えている。

古代人が本当に高度な天文知識を持っていたのか疑問に思えるが、じつは不思議ではないという。

高度な天文知識が反映されるニューグレンジ。「ケルトの神の墓」ともいわれる

天文台として利用されていた？

緯度が高く平均気温が低いアイルランドでは、農業に欠かせない日照時間を算定する必要性があったため、早くから天文学が発達した地域でもある。

この**巨石群の施設を利用して、太陽の動き、月の満ち欠けなどから暦を読み取ろうとしていた**のかもしれない。

果たして単なる墓なのか、神殿なのか、暦を知るための天文台なのか、五〇〇〇年前から佇むこの巨石群は、現代人に大きな謎を残している。

砂漠のど真ん中「隊商都市ペトラ」にはプールがあった！

水を自由に操っていたナバテア人

紀元前二世紀頃、ヨルダンの砂漠地帯に、砂岩を彫り抜いた壮麗な建物が建つ**ナバテア王国のペトラ**が栄えていた。砂岩の岩肌が赤、オレンジ、黄色といった縞《しま》模様をつくっていて、遠くからは藤色やピンク色に見え、「バラ色の隊商都市」と呼ばれた。ペトラでもっとも有名な建物は、エル・ハズネ遺跡である。スピルバーグ監督の映画『インディ・ジョーンズ／最後の聖戦』のなかで、宝が眠る古代遺跡として登場したことから、一躍、知られるようになった。

驚かされるのは、エル・ハズネのような壮麗な遺跡のみならず、紀元前二世紀の砂漠地帯とは思えない施設がそろっていたことだ。**噴水、プール、公共浴場、ダム、貯水池などの水利施設が整っていた。**街なかには水道が張り巡らされ、水飲み場もあった。

ここは砂漠のなかである。なぜ、ペトラには水があったのか。どのように水を確保

ペトラの「エル・ハズネ」――ナバテア王国によって築かれた建築物のひとつ

していたのか不思議である。

「水道」で街中に水を供給

じつは昨今の発掘と研究により、この地に住んでいたナバテア人が、高度な技術を駆使していたことが明らかになりつつある。**ナバテア人は水理工学の知識と建築技術に優れており、それを利用して水を供給するシステムを設けていた**ようだ。

ペトラの水源は、六キロメートル離れたところにあったワディ・ムーサと呼ばれる泉である。ここからペトラまで岩を穿《うが》ってつくった溝に水道管を通し、水を引き入れていた。しかもその水道管は陶器製で、防湿性に優れたシリカを表面に施すなど、実用的にできていた。今日でも、水道管を通していたとされる岩に穿たれた溝を目にすることができる。

ペトラに水を引き込むと、今度は街なかに張り巡らされた水道管を使って、水を各地に供給した。この水道管も水圧や傾斜を巧みに利用しており、必要な施設にうまく水を流していたという。

もちろんこれだけでは水が足りない。わずかな雨水を貯蔵して利用するため、岩山の頂上に何百もの穴を掘って貯水池を設けた。このように効率よく水をためることで、農業でさえ可能になり、二〜三万人の人々が水に不自由のない生活を送ることができたのである。

高度な水利技術とともに、水を分けて使うという成熟した社会によって、砂と岩山に囲まれた砂漠のなかであっても、隊商都市ペトラが存在しえたのである。

ここにもうひとつの疑問が浮かぶ。彼らはいったいこれほどの高度な知識や技術をどこで手に入れたのか。

この問いの答えはまだ出ていない。さらに発掘と研究が進み、全容が明らかにされる必要がある。

一分の隙間もつくらない インカの高度な石塊加工技術の謎

今も解明されていない「加工」の秘密

世界中から多くの観光客が訪れる世界遺産マチュ・ピチュは、**インカ帝国**の遺跡として知られる。

一二世紀半ばに、ケチュア族が現在のコロンビアからチリ中部に至る諸民族を統合して築いたインカ帝国は、一〇〇〇万人以上もの人口を持つ大帝国だった。

首都はクスコで、マチュ・ピチュよりさらに一〇〇〇メートルほど高い標高三三九九メートルの高地にあった。クスコとはケチュア語で「へそ」を意味し、**インカ帝国の人々は自分たちの都こそが世界の中心だと考えていた**ようだ。

そのクスコには石造りの壮大な建造物が数多くあった。一六世紀のスペイン人の侵攻で石造建造物は破壊されたのだが、インカの人々がつくった石組みの一部が、今も残っている。

「カミソリの刃一枚も通さない」

驚くのは、その石組みの加工技術である。セメントなどの接着剤も使わず、**「カミソリの刃一枚も通さない」といわれるほど寸分の隙もなく石が組み合わさっているの**だ。彼らは人力だけでどのように石組みを行なったのか。

この方法について、ひとつの説が唱えられている。まず、石槌《いしづち》や石斧、青銅ノミなどで石をある程度平面になるように加工する。それを重ねる石の上に移し、槌やノミで面がぴったり合うように石同士を削っていく。最後に砂や砥石で両面を磨き、ぴったり合わせるという方法だ。たしかにこの方法を使えば、大した道具がなくても、時間をかければ精緻な石組みをつくれそうである。

しかし、この方法では解けない謎がある。

クスコの石組みのなかには、さまざまな形でつくられた多角形の石もある。なかには一二角形をした石まであるのだ。これは地震の際、建造物にかかる力を縦や横、斜めに分散する役目があったと考えられている。そうした多角形の石でさえも隙間なくはめ込まれているのである。それらすべての面を石を削りながら合わせるのは容易ではなかったはずだ。

「大きすぎる石」はどう積み上げたのか

さらに、クスコの近くにサクサイワンという遺跡があるのだが、この遺跡は巨石が三層に積み上げられていて、左右にジグザグを描きながら三六〇メートルもの長さにわたって続いている。使われている石は、大きなものは高さ五メートル、重さ数百トンにも及ぶ。

隙間なく積み上げられたサクサイワンの遺構

前述の方法で石同士がピッタリ合うまで何度も研磨しながら合わせるという方法では、大きすぎて不可能である。**積み上げ方に謎が残る**のだ。

インカの遺跡については、記録が残っていないせいもあり、驚異的な加工技術は、今もって杳としてわからないのである。

屋根から屋根へと移動する「道のない古代都市」

入口も窓もなし⁉　ハシゴが重要な役割を果たしていた

トルコ中南部のコンヤ高原に、人類最古の都市といわれる**「チャタル・ヒュユク」**という都市遺跡がある。その誕生は紀元前七二〇〇年〜紀元前五七〇〇年のこと。まだメソポタミア文明もエジプト文明も開けていない時代に、都市を形成し、集団生活を営んでいたことになる。そこに六〇〇〇人以上が生活を営んでいたという。

ただ、人類最古の家屋の構造は、ちょっと変わっていたようだ。なにしろ、**家屋に戸口や窓がなかった**のである。

人々はどこから出入りしていたのかというと、どうやら屋根に取り付けられた跳ね上げ式の扉や屋上に突き出た塔屋から出入りしていたらしい。そのために扉や塔屋には、出入り用にハシゴがかけられていたと考えられる。

高い場所から出入りをしていたので、移動方法も独特だった。屋根から外に出た住

入口のない民家が建ち並んだチャタル・ヒュユクの遺構

民は、そのまま屋根をつたってお隣りへ。さらに先に行くにも、次の建物の屋根へと移動するといった具合だ。

屋根づたいに移動する「道のない街」

チャタル・ヒュユクの家屋はレンガと木を使ったごく普通のものだったことが発掘調査によってわかっているが、その家屋が一軒ずつ独立しているわけではなく、まるで蜂の巣のように密集していたので、屋根の上を移動することができたのである。

そのため、**この街には街路が存在していない**。現代人からすれば、道がない街とは、なんとも奇妙である。

室内は狭かったようだが、そこは工夫し

いくつもの壇をつくり、作業台や寝台などに使っていた。また、漆喰でかたどった牡牛の頭や獣の角などで室内を装飾していたこともわかっている。

外敵に備えるために密集していた？

それにしても、土地はあったはずなのに、なぜ人々は密集して暮らしていたのか。加えて、どうして戸口も窓もなく、屋根の上を移動するような不便に思える生活をしていたのか。

チャタル・ヒュユクの人々は文字を持っていなかったために記録がないうえ、まだ発掘途中であることから、確かなことはいえないが、**外敵の侵入を防ぐために、戸口や窓をつくらなかったのではないか**と考えられている。万一、侵入者が来た場合、屋根の入口を閉じ、入口にあるハシゴを上げるだけで進入を防げたからだ。

家屋を密集させていたのも、一種の砦のようにして外敵から防御するためだったかもしれない。

5章

信じられない古代人たちの「習慣」と「風俗」

ストーンヘンジは世界各地から人が集まる「療養施設」だった！

特徴的すぎる構造の巨大遺跡

イギリス南部ソールズベリーの北にある世界遺産**ストーンヘンジ**は、紀元前二八〇〇年～紀元前一一〇〇年くらいにつくられた遺跡で、**巨石を円の形に並べた環状列石（ストーンサークル）**である。

ストーンヘンジは、その特徴的な構造が有名だ（左図参照）。

ストーンヘンジの中央には祭壇石が置かれ、祭壇石の周りには馬蹄《ばてい》形になるように一九個のブルーストーン（青石）が置かれている。このブルーストーンは高さ二メートルほどだ。一九個のブルーストーンの周りには、トリリトンと呼ばれるサーセン石（砂岩の一種）が、馬蹄形に五組置かれている。トリリトンの石がもっとも高く、約六～七メートルにもなる。

さらにこのトリリトンを囲むように、円形に六〇個のブルーストーンが環状に置か

ストーンヘンジの復元CG。中心に位置するのがブルーストーンである

れている。その外側には、円形に約四・五メートルの高さのサーセン石が三〇個並ぶ。サーセン石の上には横石が置かれて、サーセン石とサーセン石をつないでいる。**ストーンサークル全体の直径は一一五メートルにもなる。**

ストーンヘンジに使われているサーセン石は、約三〇キロも離れたマールボロダウンズで産出されたもので、ブルーストーンにいたっては、約二四〇キロも離れたプレセリ山脈で産出されたものだ。

はるか昔、このストーンヘンジはいったい何のためにつくられたのか。記録がないだけに、さまざまな説が浮上してきたが、時代とともに有力視される説も変わってきている。

次々と現われた新説

一七世紀初頭、最初に有力視されたのが、**ケルト人の祭壇説**である。ストーンヘンジから多数の人骨や装身具が出土したことが根拠とされた。

また、ローマのカエサルが記した『ガリア戦記』には、ケルト人の祭司が巨石建造物で人身御供を捧げるという記述があり、出土した人骨は、生贄となった人々ではないかと考えられたのだ。

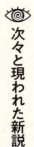

一九世紀になると、**天体観測所説**がにわかに浮上してきた。中央の祭壇石とストーンヘンジの外側に置かれていた大きな玄武岩（高さ六～七メートル）を結んだ延長線上に、夏至の日に太陽が昇り、冬至の日にはその逆方向に太陽が沈むことがわかったのである。

二〇世紀になって、さらにこの天体観測所説を後押ししたのがアメリカ・ボストン大学のジェラルド・ホーキンズである。彼は、ストーンヘンジの巨石の組み合わせを変えることで、夏至と冬至の太陽の位置だけでなく、春分の日や秋分の日の太陽の位置、果ては月の出と入りの方角までわかると主張した。

じつは年代測定法が確立され、ストーンヘンジは一度で完成したのではなく、三期に分けてつくられたことがわかっている。ホーキンズは、こうして二期、三期の工事でストーンヘンジの巨石を追加することで、より複雑な天体の運行を観測できるようになり、ついには、日食や月食の予測までできたのではないかという見解を示した。

これでストーンヘンジの謎は解かれたかに思われた。

ブルーストーンが持つ「癒やしの力」

ところが二〇〇八年、まったく新しい説を唱えたのがイギリスのボーンマス大学の考古学者たちだ。

彼らが注目したのはブルーストーンである。それまでブルーストーンの役割については論じられなかったが、彼らはブルーストーンにこそストーンヘンジの謎を解く手がかりだと主張した。

古代より、ブルーストーンは特別な石で、癒やしの効果があると信じられてきた。

南フランスの聖地ルルドの泉に治癒困難とされる病気が奇跡的に治るという伝説があ

るように、このブルーストーンにもそうした不思議な力が宿ると信じられ、そうした人々が巡礼に訪れていたのではないか――。

この説の根拠となったのが、遺跡近くで見つかった埋葬された遺体である。遺体を調査したところ、外傷があったり、先天的な異常があったりするケースが多かったのだ。彼らは**病気を治したい一心で、ストーンヘンジを訪れていた**のかもしれない。

そう考えれば、わざわざ遠方からブルーストーンをここまで運んできたことも説明がつく。約二四〇キロも離れた場所から高さ二メートルの巨石を運ぶことは、重機のない時代、とてつもない労力である。けれども、治癒力のあるブルーストーンでなくてはならないため、どうしても運ぶ必要があったというわけだ。

そして、治癒することを願いストーンヘンジまでやってきたものの、その願いは叶わず、命尽きた者は故郷まで帰ることなく、ここに埋葬されたと考えられるのである。

たしかに、天体観測や祭壇のためだけなら、わざわざブルーストーンを使わなくてもサーセン石だけで事足りたはずである。

果たして、遺跡周辺に埋葬された遺体は、ブルーストーンの治癒力を信じ、祈りを捧げながら亡くなった人なのだろうか。

ナイル川西岸は死者の世界？現世と冥界があった古代エジプト

ナイル川の東岸は「生者の都」、西岸は「死者の都」

古代エジプト文明は**ナイル川**によって生まれ、ナイル川とともにあったといっていい。それほどエジプトという土地において、ナイル川は大きな存在だった。

興味深いのは、そのナイル川を挟んで東岸には街があり、西岸には死者の眠る墓があることだ。それは、古代エジプトの首都だったルクソール（古都テーベ）に行くとよくわかる。東岸にはカルナック神殿やルクソール神殿などがある都の遺跡であり、西岸にはファラオたちが眠る有名な「王家の谷」や「王妃の谷」がある。

つまり、**古代エジプト人にとって東岸は生者の都であり、西岸は死者の都だった。**

このようにナイル川を挟んで生と死という正反対ともいえる世界が展開されていたのは、古代エジプト人が「再生」という思想を持っていたからだと考えられている。

毎年のようにナイル川は増水し、川岸を越えて耕地を覆った。四か月ほどして水が引くと、その土地は上流から運ばれてきた養分によって、再び豊穣《ほうじょう》な土地となった。これと同じように、**人間もまた、死という過程を経て新たな生を得る**と考えていた。

しかし、死後に再生し復活するためには、この世での手続きが必要だった。エジプトの人々は、魂が再生するためには試練を乗り越える必要があると考え、死者の魂がそれらの試練を乗り越えられるように、葬祭儀式を執り行なった。

その再生までの手順を記載したのが『死者の書』で、来世で必要な呪文や祈りの言葉が記されている。『死者の書』によると、死者の前に立ちはだかるのはワニや蛇などの実在する獰猛な動物で、これらの動物を撃退する呪文も書かれているという。

『死者の書』は、もともと王についての記述に限られた書だったが、やがて裕福な個人の棺やパピルスにも記されるようになり、墳墓の壁面にも表わされるようになった。

西方が「死者の世界」だったワケ

では、なぜナイル川の西岸が死者の世界とされていたのだろう。

これには二つの説がある。

まず、西は太陽が沈む場所だからという説。古代エジプトは多神教だったが、なか

新王国時代のファラオの陵園である「王家の谷」もナイル川西岸に広がる

でも重要視したのが太陽神で、エジプト神話における太陽神ラーには重要な地位が与えられた。その**象徴である太陽が西に沈むことから、西方は死のシンボルとされた**のである。

もうひとつは、砂漠説である。ナイル渓谷の西にある砂漠は、水が及ばず、生命を生み出さないばかりか、時には命を奪う場所だった。そのため、エジプトの人々は、**砂漠は死者が憩う場所だと見なし、死者を埋葬する場所とした**というのである。

死者は、「ネシュメト」と呼ばれる船でナイル川の西岸へと渡る。西岸に到着すると、埋葬の儀式が行なわれ、死者は来世のための眠りについたのである。

古代ギリシアの運命を左右した「アポロンの信託」

巨大な神域に建つアポロン神殿

ギリシア・アテネから北西に約一二〇キロメートル、パルナソス山脈のデルフォイの神域には巨大な**アポロン神殿**がある。神託を得るためにギリシア中から人々がこぞって集まった。アポロン神殿が建設されたのは紀元前七世紀頃。当初は三八本の円柱を有していたが、現存するのはわずか六本である。

デルフォイが神域とされたのは次のような神話に基づいている。

――デルフォイはもともと大地の女神ガイアの支配地域だった。そこへアポロンがやって来る。このとき、アポロンはガイアの手下だった大蛇ピュトンを銀の矢で射止め、ガイアに勝利する。デルフォイを支配下に置いたアポロンは、自分ための神殿をつくることにした。**デルフォイに神殿を建てると、人間の娘をピュティア（巫女）にして、彼女を通じて人々に神託を伝えるようになった**――。

このような神話がからみ、南北一八〇メートル、東西一三〇メートルのひし形の区域はデルフォイの神域とされた。

神域の中心はアポロン神殿であり、ここにはさまざまな像や宝物が奉納された。そのなかにはアルゴスから奉納されたトロイアの木馬像もあったという。また、アポロンに捧げるための劇を行なう劇場もつくられた。その劇場の収容人数はなんと五〇〇〇人にも及んだという。

ギリシア全土の「信仰の中心」

当時のギリシアは、多くのポリス（都市国家）が林立していた。同盟を結んでいるポリスもあれば、敵対するポリスもある。ギリシア全土で見れば、神域とされるのはデルフォイだけではなかった。にもかかわらず、ギリシア全土から人々が集まるようになったのは、紀元前五九〇年、デルフォイ周辺のポリスが「デルフォイには侵攻しない。ここは皆の神域とする」との盟約を結んだからだ。これにより、**デルフォイは特別な神域となり、ギリシア全土の信仰の中心という地位を確立した**のである。

ギリシア全土の人々の信仰の対象としてだけでなく、国の一大事のときもデルフォイの神託によって方針が決められた。これほどの権威を持つ神託とは、いったいどのようなものだったのか。

アポロン神殿のなかには、ピュティアのための小屋が設けられており、ピュティアは小屋内の青銅製の三脚台に厳《おごそ》かに座る。しばらくすると、ピュティアはトランス状態になり、叫び声を上げる。デルフォイは地面から蒸気が噴き出す地で、その蒸気には人をトランス状態にする不思議な力があると信じられていた。ピュティアの小屋は、そのような蒸気が噴き上がる場所につくられていた。そのため、床の割れ目から蒸気が入ってきて、ピュティアはトランス状態になるわけだ。

しかしながら、ピュティアの発する言葉は明確なものではなかった。そこで、ピュティアの言葉を神官が書き留めて、神託を求める者に渡していたという。

このとき、神官から渡される神託は、「～しなさい」「～する時期ではない」といった明確な文章ではなかった。まるでノストラダムスの予言のように、謎めいたあいまいな表現のものだった。そのため、さまざまな解釈ができたのである。つまり、**神託の結果は、最終的には神託を求める者の胸三寸で決まった**わけだ。

また、デルフォイには、もうひとつの重要な役目があった。それは外交の場である。

デルフォイの神託所。アポロンの神託は時にギリシアの運命も左右した

各ポリスは定期的に代表者をデルフォイに遣わしていたのである。

デルフォイはギリシア全土で神域と認められていたため、どこのポリスの人間でも入ることができた。ここでは、敵対ポリス同士の人間が鉢合わせになっても乱闘へ発展することはなかった。そうした特性を生かして、**デルフォイで各ポリスの代表者たちは会合を開いたり、あるいは他地域のポリスの人と交流したり、他地域の現況を探ったりした。**場合によっては、神官たちが各ポリスの代表者同士の橋渡しをすることもあった。

ギリシア人たちは、デルフォイを交渉の場として活用していたのである。

圧倒的強さを誇った「スパルタ教育」のすべて

周辺国から恐れられた最強の重装歩兵軍

紀元前八世紀頃にギリシア各地で誕生し、紀元前五世紀頃に最盛期を迎えたのがポリス（都市国家）である。各ポリスにはそれぞれ特徴があったが、ペロポネソス半島の南部にあった**スパルタは最強の重装歩兵軍として知られていた。**

彼らの勇猛果敢ぶりを伝えるのが、紀元前四八〇年に起こったテルモピュライの戦いである。第二回ペルシア戦争のひとつで、北ギリシアから南部へと侵攻してくるペルシア軍に対して、隘路《あいろ》のテルモピュライでスパルタ王レオニダスがわずか三〇〇名の戦士とともに迎え撃った戦いだ。

大軍のペルシアに対して、山間の狭い道を生かしてスパルタ軍は応戦。投降勧告に応じず最後まで死闘を繰り広げ、ペルシア軍に大打撃を与えた。最終的には、数にものをいわせたペルシア軍の別動隊が背後に回り、挟み撃ちにしてスパルタ軍を全滅させた。

しかしながら、**わずか三〇〇名の少数にもかかわらず、ペルシア軍を大いに苦しめたと**して、その強さは後世に語り継がれた。

この戦いをテーマにしたアメリカ映画『300／スリーハンドレッド』で、スパルタを知ったという人もいるかもしれない。

それにしても、スパルタでは、どのようにして強靭な兵士を育成していったのだろうか。

そこには、独特の厳しい教育があった。

男の子は、子どものうちに親元から離され、兵士としての訓練を受けさせられた。大人になっても、基本的には兵舎で集団生活を営んだ。いわば**男性の仕事はプロの兵士だった。**夫の留守中、国から割り当てられた耕作地で農業を営むのは妻の仕事だった（ただし、ヘイロタイと呼ばれる奴隷を

テルモピュライの戦場跡に建つレオニダス王の像

所有することができたので、実際の労働は彼らに任せることが多かった）。

ほかのポリスの兵士は、ふだんは農業などに従事し、農閑期だけ兵士として徴集されるのに対し、スパルタの兵士は、子どものときから軍事訓練をし、大人になっても軍事訓練中心の生活を送っていたので、兵士としての技量がまるで違ったのである。

しかも、兵士一人ひとりに国から武具が支給され、装備ひとつとっても他ポリスを圧倒していた。

スパルタでは、強い兵士を育成することが何よりも最優先された。そのため、**文化活動においても、他ポリスと違い、国威を発揚する軍歌のような詩がもてはやされた。**

また、王の威厳を示すような大規模な建物が建てられることもなかった。政治は世襲の王二人と二八人の長老により決められた。王が二人いたのは、一人は軍を率いるためで、もう一人は、その間、国内を守るためだったのではないかといわれている。

また、**スパルタの女性は、兵士となる男の子をたくさん産むことが求められた。**そのためには強靭な母体がいいとされ、女性もスポーツや運動が推奨されていた。

このようにスパルタでは、すべてが強い兵士を育てるために回っていたのである。

医学の神の聖地エピダウロスで行なわれていた「夢治療」

神すら恐れる「医術の力」

ペロポネソス半島の東部に位置する**エピダウロスの考古遺跡**は標高三六〇メートルの丘陵地にある。かつてここには一万二〇〇〇人収容できた劇場や二階建ての宿泊所、浴場、レンガでつくられた音楽堂、アスクレピオス神殿などがあった。劇場の建設は紀元前四世紀で、その後、紀元前二世紀頃に拡張された。劇場の舞台前に設けられたオルケストラ（円形の土間）は直径二〇メートルもあった。宿泊所は一辺約七六メートルの正方形で、部屋が一六〇、中庭が四つも付けられた大きなものだった。

こうした豪華な施設がつくられたのは、神殿の主であるアスクレピオス神への強い信仰があったからだ。

神話によると、アスクレピオスは医術の力で死者を蘇らすことができたという。アスクレピオスの医術の腕に脅威を感じた全能の神ゼウスは、アスクレピオスが禁忌を犯したとして殺してしまう。ゼウスが恐れるほどの医術の腕を持つことから、アスクレピオスは医学の神として、人々に崇められたのである。

奉納物が示す絶大な治療効果

アスクレピオスの神殿には目や手、足、臓器など、体の一部をかたどった彫刻が数多く奉納されている。材質はさまざまで、石や粘土でつくったものから高価な金属製のものまである。じつは、これらはエピダウロスにやってきて病気が治った人たちが、そのことを感謝して患部の彫刻を奉納したものだ。

いったいどのような治療が行なわれていたのか。

治療する場所は神殿に隣接するアバドン（至聖所）という場所で、そこにはいくつもの簡易ベッドが置かれていた。患者はこのベッドにただ寝かされ続ける。**夢によって治療する「夢治療」が盛んに行なわれていた**らしい。深い眠りにつくと、アスクレピオス神が夢に現われて患部を治してくれる。そして夢から覚めて起きると、患部が治っているという。

現代人からすれば、寝ているだけで病が治るとは思えないが、そこにはアスクレ

医学の神アスクレピオスの聖地エピダウロス

ピオス神への強い信仰があったからに違いない。「神が治してくれる」と信じた証が、奉納された患部の彫刻である。

また、実際には、エピダウロスに劇場や浴場、音楽堂、宿泊所が併設されていたことから、**入浴健康法や心身を癒やすヒーリング療法が行なわれていた**との説もある。日本の湯治のような存在だったのかもしれない。

なお、エピダウロスはアスクレピオスの聖地として多くの患者が訪れたが、医学の神アスクレピオスはギリシア各地で信仰されていたので、どの都市にも聖所アスクレピエイオンが設けられていた。エピダウロスまで行けない患者はそこでアスクレピオス神の加護を祈っていたようだ。

都市国家カルタゴに伝わる「恐怖の儀式」の実相とは!?

火の神バールを信仰する人々

カルタゴという国は現在、存在しない。紀元前一四六年に滅び去った国である。

国家として実在したのは、現在の北アフリカのチュニジアあたり。地中海に面した良港と肥沃な後背地を抱え、地中海交易で繁栄した。強大な経済力を武器に、傭兵を集めて軍隊をつくり、最盛期にはイタリア半島にまで進出した。

カルタゴといえば、強国ローマ帝国と三度も戦ったポエニ戦争が有名だ。あのローマ帝国を手こずらせ、**名将ハンニバルが戦った第二次ポエニ戦争では、カルタゴ軍はローマのすぐ手前まで迫ったほどだ。**

このような戦史のためか、カルタゴというと、ローマになかなか屈しなかった勇壮な民（フェニキア人）といったイメージがある。

恐れられた「戦慄の儀式」

カルタゴが恐れられた理由はそれだけではない。戦慄の儀式を行なう民だったこともあるかもしれない。

その儀式とは人身《ひとみ》御《ご》供《くう》である。**火の神バールへの信仰心が厚いフェニキア人は、バールへの供物として生贄を捧げていた。**燃え盛る火のなかに生贄を投げ込んだといわれる。しかも、生贄となるのは幼児で、貴族の長男がよいとされた。

フェニキア人が生贄を捧げるのは、カルタゴに危機が迫ったときだった。国の危機は、火の神バールの怒りの表われと考えていたようだ。そのため、自分のもっとも大切なもの、家の柱となるべき長男を神に捧げたのである。

紀元前三一〇年には、二〇〇人の貴族の長男が生贄にされたという。

事実、カルタゴの遺跡からは、たくさんの幼児の骨が見つかっている。しかもその骨は、どれも黒く焦げており、幼児が焼かれたことは間違いない。

こうしたフェニキア人の慣習は、他国を震え上がらせたはずだ。愛らしい子どもを無情にも殺してしまう残忍なカルタゴの民、それがフェニキア人だと……。

この慣習はローマ人の間でも広く知られており、「カルタゴの人間は陰惨な民族だ」と伝わっていた。

単に「火葬」していただけ？

ところが、伝わっているような慣習はなかったのではないかという見方もある。発見された幼児の骨は、死産や幼くして亡くなった子どもたちを火葬にしたもので、**たくさんの骨が発見された場所は、単なる埋葬場所だった**のではないかというのだ。そこは火の神を信じてきた民である。火葬が行なわれていても不思議ではない。

たしかに骨が焼かれたことは間違いないが、焼かれたのは生前か死後かは、はっきりしていない。一般にヨーロッパでは土葬が多く、火葬は特異な慣習のため、残虐な慣習として流布《るふ》したとも考えられる。

もし、火葬が本当なら、なぜカルタゴでこのような残忍な儀式が行なわれているという話が生まれたのか。

ひょっとすると、それはローマ帝国の謀略だった可能性がある。ローマ軍は第三次ポエニ戦争でカルタゴを陥落させると、徹底的にカルタゴの街を破壊し、カルタゴの

ローマによって滅ぼされ、破壊しつくされたままに残るカルタゴ遺跡

民を虐殺した。

虐殺は兵士だけでなく、女性や子どもも含むすべての市民である。文字通り根絶やしにしたという。

一説では、こうした自軍の行為を正当化するため、いかに**カルタゴの民が残虐性に満ちた民族であるかを印象付けたいがために、ローマ軍が吹聴した**というのだ。

もっとも、この説もどれだけ真実に近づいているかわからないが、勝者が歴史を記してきたことを考えれば、あながちあり得ない話ではない。

頭部を切り上下逆さまにして埋葬——特異な習慣のワケ

南米ペルーで栄えたプレ・インカ文明の黄金の国

ペルーのランバイエケ州の州都チクラヨから北へ約三〇キロメートルの地点に**シカン王国**の遺跡がある。シカン王国は、七五〇年頃から約六〇〇年続いた文明である。時期はインカ帝国が生まれる前。つまり、プレ・インカ文明のひとつで、シカンという王国の名付け親は、米国の南イリノイ大学で教鞭をとる日本人考古学者、島田泉氏である。シカンとは現地の言葉で「月の神殿」という意味だ。

島田氏は、プレ・インカ文明ともいうべき帝国がペルーにあったという仮説を立て、独自に発掘調査を開始したのである。

一九九一～九二年、バタン・グランデ地区にあるロロ神殿東の墳墓から一〇〇点を超える黄金製品が見つかった。この墳墓は貴人のものだったことが後に判明している。そして、さらに調査を続けたところ、総重量一・二トンもの副葬品を発見。そのなかには頭飾りと合わせると長さ約一メートルにも及ぶ**「シカンの黄金大仮面」**もあった。

シカン遺跡からは黄金やエメラルドなど多くの宝飾品が出土しているが、武器らしきものは見つかっていない。発見された出土品から、シカン王国は最盛期の九〇〇～一一〇〇年頃には、東西二〇〇キロメートル、南北一二〇〇キロメートルに及ぶ交易圏を持っていたと推測されているが、これは武力による勢力拡大ではなかったようだ。

では、どのように経済的勢力圏を維持したのかというと、宗教による強い権威にあったのではないかと推測されている。バタン・グランデにあるピラミッドのレンガには、すべてに寄進者の名前と思われる刻印があることなどから、民衆が畏怖する神のもと、信仰心で結束していた様子がうかがえるからだ。

「奇妙な埋葬方法」から見えてくるもの

シカン王国が宗教色に彩られた文明だったことは、ロロ神殿の東で発見された墳墓からも推測できる。宗教観が反映されているとしか思えない奇妙な埋葬方法がとられていたからだ。**墳墓に埋葬されていた男性は、体が真っ赤に塗られ、頭部は切断されていた。**しかも**胎児のような姿勢で、足を上向きに体を下向きにして埋葬されていた。**

シカンでは、赤は貴人の象徴であり、この人物が高い地位の人間であったことは間違いない。そんな人物が、なぜ頭部を切断され、逆さ吊りで埋葬されていたのか不思議である。

さらに、埋葬されていた男性のそばには三〇歳ぐらいの二人の女性も埋葬されており、この二人は逆さまではないにせよ奇妙な姿をしていた。一人は仰向けの状態で、足を左右に広げ、両手は万歳の格好で、指は開きまっすぐ伸ばしていた。その姿はひき殺されたカエルのようでもあり、女性が出産するときの様子にも似ていた。そして、もう一人は足を組んで座った状態で、何か作業をしているかのような姿をしていた。それは出産の手伝いをしているかのようだ。島田氏は、この埋葬方法を「墓の主の復活と再生を表現しようとしている」と読み解いている。

不思議な点はほかにもある。男性の遺体の下に切り取られて置かれていた頭部は、西に向けられていた。さらに、遺体の下には左右一そろいの手袋が置かれていて、右手側には権力の象徴である杖の先の部分を覆うように置かれ、左手側は黄金のコップを握りしめ、西の方向に差し出されていたのだ。その様子は乾杯を捧げているかのようである。

9～11世紀頃に制作されたシカンの黄金の仮面（写真：Alamy／アフロ）

　ここで注目すべきは「西」というキーワードだ。ペルーには、金だけで飾られて埋葬された王の墓が存在するという伝説がある。ロロ神殿の東で発見されたこの墓の主は貴人であることは確かだが、金以外の副葬品も見つかっている。

　そこから島田氏は、**金のみで飾られた王の墳墓が存在し、その墓がロロ神殿の西の方角にあるのではないか**と推測している。だからこそ、上下逆さの男性は、王の墓のほうに顔を向け、乾杯を捧げているのではないかというわけである。この奇妙な埋葬方法には、どんな意味が込められていたのか。黄金の王国といわれるシカンの謎の解明には、まだ少し時間がかかりそうだ。

インカ帝国を支えた「太陽の処女」の存在

まるで大奥!?　帝国中から集められた美しい乙女たち

太陽を最高神として崇めていた**インカ帝国には、「太陽の処女」と呼ばれる女性たちがいたと**いう。

なんとも魅惑的な名前だが、彼女たちはどういう存在だったのか。

太陽の処女とは、帝国中から集められた乙女のことで、数百人もの乙女たちが「太陽の処女の館」と呼ばれる場所で共同生活をしていた。その名の通り、処女であることが鉄則で館は男子禁制。もし男女の姦通があれば、本人たちはもちろんのこと、家族も、出身の村の者も、村の家畜までもが処刑された。

ただ皇帝だけは例外で、皇帝が気に入った乙女はクスコの館に送られ、皇帝の側室となって子を産んだのである。

まるで日本の江戸時代にあった大奥の制度に似ている。**太陽の処女の館は、インカ**

式ハーレムだった。

日常品をつくる貴重な労働力

大奥やハーレムというと、乙女たちは美しい衣装に身を包んで優雅な日々を送っていたかのように思えるが、じつはそうではない。

太陽の処女は「選ばれた女性」を意味する「アクリャ」といい、「太陽の処女の館」は「アクリャ・ワシ」と呼ばれていた。そして、アクリャとは、インカ帝国が市民に課している労役区分のひとつである。

つまり、彼女たちは特別待遇を与えられていたわけではなく、**アクリャという身分で仕事を与えられていた**のである。

アクリャのなかでも、細かく部類が分かれていて、「ユラック・アクリャ」という礼拝に身を捧げる役割や、皇帝の側室が選ばれる「ワイルール・アクリャ」、宮廷の祭典で歌や楽器の演奏をする「タキ・アクリャ」などがあった。

多くのアクリャは「ヤナ・アクリャ」で、神殿で使われる毛の衣料を織ったり染めたりするなど、糸紡ぎや織物などの仕事をしていた。

チチャ酒の製造も彼女たちの重要な仕事のひとつだった。チチャ酒とはトウモロコシからつくる酒で、祭りの際に飲んだり、供物として使われたりした。また祭りの前夜には、トウモロコシの粉からつくったパンを準備した。

つまり、**「太陽の処女の館」では、大奥やハーレムというより、日用品の製造工場といった趣が強かった**ようだ。

はじめのうちはクスコだけに存在していたようだが、やがて地方にまで拡大し、それぞれの館には五〇〇～一〇〇〇人もの乙女たちがいて、役割が与えられて働いていたのである。

魅惑的な響きとは裏腹に、太陽の乙女たちはインカ帝国を支える大きな労働力だったといえるだろう。

イースター島の未解読文字「ロンゴロンゴ」の意味とは？

「もの言う板」は何を語っているのか？

絶海の孤島に佇むイースター島は、奇怪な石像・モアイで知られる。モアイの存在自体が謎めいているが、ここにはもうひとつ大きな謎がある。それは**未解読文字、ロンゴロンゴ**の存在だ。ロンゴロンゴは木の板や棒に刻まれた象形文字で、正確にはコハウ・モトゥ・モ・ロンゴロンゴといい、コハウは杖を意味することから、「もの言う杖」「もの言う木」とも呼ばれている。

ロンゴロンゴについては、多くの研究者が解読を試みたものの、現在解読されているのはわずか一二〇の基本文字と、その文字の組み合わせによる一二〇〇の複合文字のみで、**いまだに文章として正確に読むことができない**。

一七七〇年、スペイン提督フェリペ・ゴンザレスがこの島を訪れてスペイン領を宣言したとき、フェリペが酋長に宣言書を差し出したところ、酋長は奇妙な絵文字を書き入れたという。これがロンゴロンゴだったわけだが、当時、ポリネシア文化圏では文字がないと考えられていたので、フェリペはとても驚いたという。

この象形文字について最初に記録したのは、一八六四年に布教活動で訪れたジョゼフ・エイロー神父で、彼は「どの家にも象形文字らしい記号が書かれた木の板がある」と記録している。つまり、**イースター島には数多くのロンゴロンゴが書かれた板や木があったらしい。**

「左下から読む」変わった言葉

ところが、現存するロンゴロンゴはわずか二〇枚程度。西洋人がイースター島でキリスト教布教を行なった際、異教徒の文字は悪魔の文字だとして、火中に投げ入れたことが原因である。

ロンゴロンゴは読み方も変わっていて、まず左下から右へ読み、行の端まで行くと一八〇度ひっくり返して次の行を左から右へ読む。これを繰り返すのである。この読み方は、ちょうど牛で畑をたがやす方法に似ていることから、牛耕《ぎゅうこう》文字とも呼ばれている。

これまでの研究者たちはロンゴロンゴを解読しようとイースター島を訪れ、読めるという島民を見つけて解読を試みたが、うまくいかなかった。

ロンゴロンゴはタンガタ・ロンゴロンゴと呼ばれた読み手の専門家によって使用されていたものだったらしい。儀礼の席で読み上げる習慣があり、一九世紀までは読めていたという記録が残っている。

伝承によれば、島の最初の王ホトゥ・マトゥアによって故郷から持ち込まれたとされているが、同じポリネシアの他地域に似たような文字は見つかっておらず、手掛かりもない。

専門家のなかには、王の家系図や英雄を祀る聖歌、暦、天体図などが書かれているのではないかと唱える人もいるし、モアイや岩面彫刻にロンゴロンゴが発見されていないことから、西洋人と接触した後で西洋の文字をヒントにつくられた文字ではないかとする説もあるが、どれも確証はない。

【主な参考文献】

『図説 古代ギリシア』ジョン・キャンプ、エリザベス・フィッシャー著、吉岡晶子訳、『図説 世界の七不思議』ラッセル・アッシュ著、吉岡晶子訳、『古代世界70の不思議―過去の文明の謎を解く』ブライアン・M・フェイガン編、北代晋一訳（以上、東京書籍）／『謎の古代遺跡―古代エジプトからマヤ文明への旅』フィリップ・ウィルキンソン著、教育社訳、『知られざる伝説の世界―幻か？それとも事実か？』、『世界遺産謎多き16の大遺跡―遺跡に秘められた古代の記憶を解読する』（以上、ニュートンプレス）／『Truth In Fantasy41 古代遺跡』森野たくみ、松代守弘、『Truth In Fantasy64 エジプトの神々』池上正太（以上、新紀元社）／『マヤ文明―密林に栄えた石器文化』青山和夫、『インカの世界を知る』木村秀雄、高野潤（以上、岩波書店）／『ヴァイキング―海の王とその神話』イヴ・コア著、久保実訳、『ストーンヘンジ―巨石文明の謎を解く』ロビン・ヒース著、桃山まや訳（以上、創元社）／『物語 エルサレムの歴史』笈川博一、『ギリシアとローマ』桜井万里子、本村凌二、『イースター島を行く』野村哲也（以上、中央公論新社）／『世界遺産いま明らかになる7つの謎』「探検ロマン世界遺産」取材班、『ピラミッドへの道―古代エジプト文明の黎明』大城道則、『夏王朝 中国文明の原像』岡村秀典（以上、講談社）／『天空の帝国インカ―その謎に挑む』山本紀夫、『「民族」を知れば、世界史の流れが見通せる』関眞興（以上、PHP研究所）／『ニュートンムック 失われた文明―最古の文明から古代ギリシアへの旅』フィリップ・ウィルキンソン著、教育社訳、『ニュートン別冊 古代遺跡ミステリー～残された謎と伝説を探る～』竹内均編（以上、教育社）／『古代ギリシア遺跡事典』周藤芳幸、沢田典子、『古代エジプトを知る事典』吉村作治（以上、東京堂出版）／『失われたイスラエル10支族』ラビ・エリヤフ・アビハイル著、鵬一輝訳（学研）／『黄金の都シカンを掘る』島田泉（朝日新聞社）／『聖書と殺戮の歴史―ヨシュアと士師の時代』秦剛平（京都大学学術出版会）／『世界石巡礼』須田郡司（日本経済新聞出版社）／『B.C.1177』エリック・H・クライン著、安原和見訳（筑摩書房）／『イースター島の悲劇―倒された巨像の謎』鈴木篤夫（新評社）／『写真でわかる謎への旅 イースター島』柳谷杞一郎（雷鳥社）／『古代文明の謎はどこまで解けたかI』ピーター・ジェイムズ、ニック・ソープ著、皆神龍太郎監修、福岡洋一訳（太田出版）／『大英博物館 古代エジプト百科事典』イアン・ショー、ポール・ニコルソン著、内田杉彦訳（原書房）／『兵馬俑と始皇帝』今泉恂之介（新潮社）／『NHK探検ロマン世界遺産〈1〉ナスカ地上絵と謎の巨大建築』NHK「探検ロマン世界遺産」取材班編（NHK出版）／『ナスカ地上絵の新展開』坂井正人編（山形大学出版会）／『世界遺産建築の不思議』天井勝海監修（ナツメ社）／『謎のイースター島―ロンゴ・ロンゴ文学の解明』ジャン＝ミシェル・シュヴァルツ著、藤林道夫訳（あずさ書房）／『ディープな世界遺産』平川陽一（大和書房）／『イギリスの不思議と謎』金谷展雄（集英社）／『なぞ！ふしぎ！世界の遺跡探検 第5巻遺物篇』岩田一彦（理論社）／『アーサー王伝説の起源―スキタイからキャメロットへ』スコット・リトルトン、リンダ・A・マルカー著、辺見葉子、吉田瑞穂訳（青土社）／『古代女王ものがたり』酒井傳六（文藝春秋）／『古代エジプトの埋葬習慣』和田浩一郎（ポプラ社）／『エジプト神話シンボル事典』マンフレート・ルルカー著、山下主一郎訳（大修館書店）／『ナイルに生きる人びと』片岸直美、村治笙子、畑守泰子（山川出版社）／『カラー版 死者の書―古代エジプトの遺産パピルス』矢島文夫（社会思想社）／日本経済新聞／朝日新聞／毎日新聞本書は、本文庫のために書き下ろされたものです。

古《こ》代《だい》文《ぶん》明《めい》ミステリー

著者　博学面白倶楽部（はくがくおもしろくらぶ）
発行者　押鐘太陽
発行所　株式会社三笠書房
〒102-0072 東京都千代田区飯田橋3-3-1
電話　03-5226-5734（営業部）03-5226-5731（編集部）
http://www.mikasashobo.co.jp
印刷　誠宏印刷
製本　ナショナル製本

 ISBN978-4-8379-6915-0 C0130

王様文庫

王様文庫

本当は怖い日本史

堀江宏樹

「隠された歴史」にこそ、真実がある。◇坂本龍馬を暗殺した〝裏切り〟の人物　◇亡き夫・豊臣秀頼の呪いに苦しみ続けた千姫　◇島原の乱を率いた「天草四郎」は、架空の存在？……本当はこんなに恐ろしい、こんなに裏がある！　日本史の〝深い闇〟をひもとく本！

日本史ミステリー

博学面白倶楽部

「あの大事件・人物」の謎、奇跡、伝説――「まさか」があるから、歴史は面白い！●最後の勘定奉行に疑惑あり！「徳川埋蔵金」のゆくえ　●今なお続く奇習が伝える、平家の落人の秘密　●あの武将も、あの政略結婚も〝替え玉〟だった……衝撃と驚愕が迫る！

眠れないほどおもしろい「日本の仏さま」

並木伸一郎

仏の世界は、摩訶不思議！　◆人はなぜ「秘仏」に惹かれるのか　◆霊能力がついてしまう「真言」とは？　◆なぜ菩薩は、如来と違ってオシャレなのか……etc.　空海、日蓮、役行者など仏教界のスター列伝から仏像の種類、真言まで、仏教が驚くほどわかるようになる本。

K30462